NPD – Herausforderung für die Demokratie?

Miteinander – Netzwerk für Demokratie
und Weltoffenheit in Sachsen-Anhalt e.V.

NPD – Herausforderung für die Demokratie?

Heinz Lynen von Berg und Hans-Jochen Tschiche (Hrsg.)

METROPOL

Die Deutsche Bibliothek – CIP-Einheitsaufnahme

NPD – Herausforderung für die Demokratie? / Heinz Lynen von Berg ; Hans-Jochen Tschiche (Hrsg.), im Auftrag von Miteinander – Netzwerk für Demokratie und Weltoffenheit in Sachsen-Anhalt e.V. – Berlin, Metropol 2002

ISBN 3-932482-53-0

Die Publikation wurde mit Mitteln des Ministeriums
für Arbeit, Frauen, Gesundheit und Soziales
des Landes Sachsen-Anhalt gedruckt.

Redaktion: Karsten Heller
Umschlagbild: NPD-Kundgebung am 27. Februar 1999
auf dem Domplatz in Magdeburg mit ca. 800 Teilnehmern

© 2002 Metropol Verlag
Kurfürstenstr. 135
D-10785 Berlin
Alle Rechte vorbehalten
www.metropol-verlag.de
Druck: Book Partner

INHALT

Vorwort 7

HEINZ LYNEN VON BERG
    Einleitung 9

ARMIN PFAHL-TRAUGHBER
    Die ideologische, strategische und organisatorische
    Entwicklung der NPD
    in der zweiten Hälfte der neunziger Jahre 13

WERNER SPRADO
    Nationaldemokratische Partei Deutschlands (NPD)
    Strategie und Taktik
    einer verfassungsfeindlichen Partei 31

RAINER ERB
    Die kommunalpolitische Strategie der NPD
    Ende der neunziger Jahre 45

CHRISTOPH SEILS
    Ratlosigkeit, Aktionismus und symbolische Politik
    Die Geschichte der NPD-Verbotsdebatte 63

HORST MEIER
    Ein Sack voll widerlicher Zitate
    Die drei Anträge zum Verbot der NPD strotzen
    vor Entschiedenheit –
    sind aber miserabel begründet 103

BERNHARD WAGNER
  Warum ich trotzdem für ein Verbot der NPD bin 111

STEFFEN REICHERT
  Einflussnahmen Rechtsextremer und Gegenwehr
  demokratischer Medien 119

Chronologie von Ereignissen
  mit Schwerpunkt Sachsen-Anhalt 135

Weiterführende Literatur 139

Die Autoren 141

Miteinander – Netzwerk für Demokratie und
  Weltoffenheit in Sachsen Anhalt e.V. 143

Vorwort

Zu den grundlegenden Aufgaben von *Miteinander e.V.* gehört die Förderung einer demokratischen Gesellschaft durch die Unterstützung bürgerschaftlichen Engagements. Hierzu ist es notwendig, über gesellschaftliche Bewegungen zu informieren, die antidemokratisch ausgerichtet sind und dazu tendieren, die Menschenrechte zu missachten. Die vorliegende Publikation will dazu einen Beitrag leisten. Sie informiert auf der Basis des wissenschaftlichen Kenntnisstands über die NPD und ihre antidemokratischen Bestrebungen.

Ein besonderes Anliegen der Herausgeber und Autoren dieser Broschüre ist es, für Fragen des demokratischen und rechtsstaatlichen Umgangs mit der „Nationaldemokratischen Partei Deutschlands" zu sensibilisieren. Die NPD versteht es immer wieder, demokratische Grundrechte und rechtsstaatliche Regelungen für ihre antidemokratischen Ziele in Anspruch zu nehmen. Demonstrationsverbote und das Verbot der Partei können dieses Dilemma wohl kaum beheben. Nur eine engagierte Bürgergesellschaft, in der die Bürgerinnen und Bürger sich an der Gestaltung der demokratischen Gesellschaft aktiv beteiligen, kann unseres Erachtens dem verfassungsfeindlichen Teil des rechtsextremistischen Lagers entgegenwirken. Dazu gehört immer auch ein couragiertes und besonnenes Auftreten gegen jede Form von antidemokratischen Erscheinungen und gegen die Diskriminierung von Minderheiten, wie sie beispielsweise von der NPD, aber auch von anderen Organisationen und Gruppen der äußersten Rechten betrieben wird. Zu dieser Sensibilisierung für einen engagierten demokratischen Umgang mit rechtsextremistischen Erscheinungen soll die vorliegende Veröffentlichung beitragen.

Wir bedanken uns herzlich bei Manuela Reichle, David Begrich und insbesondere Karsten Heller für ihre Unterstützung bei der Erstellung der Broschüre.

Heinz Lynen von Berg, Hans-Jochen Tschiche

Heinz Lynen von Berg

Einleitung

Die vorliegende Broschüre geht auf eine Diskussionsveranstaltung zur NPD in der Hochschule Magdeburg-Stendal im April 2000 zurück. Im Mittelpunkt des Forums zum Thema „Provokationen aus dem rechtsextremen Lager und demokratische Gegenwehr" stand die Strategie der NDP, sich als kommunal etablierte Partei zu profilieren. Diese Broschüre gibt einen fundierten Einblick in die Struktur und Strategie der Partei und will den Umgang des demokratischen Systems mit ihr diskutieren.

Seit Mitte der neunziger Jahre versucht die NPD, sich durch die Thematisierung von lokalen Problemen wie Drogen, Umweltschutz und Gewaltorientierung bei Jugendlichen als politisch verantwortungsvoller Partner in den Kommunen ins Gespräch zu bringen. Ein seriöses Auftreten, das mit der Vermeidung von verfassungsfeindlichen Formulierungen und der Ausübung sichtbarer Militanz einhergeht, macht die NPD zu einem politischen Chamäleon, dem rechtsextremistische Zielsetzungen auf Anhieb nicht anzumerken sind. Deshalb besteht gerade für politische Akteure, Mitarbeiter/innen von Verwaltungen und öffentlichen Einrichtungen, Journalist/innen und ehrenamtlich engagierte Bürgerinnen und Bürger ein großes Informationsbedürfnis.

Die öffentliche Auseinandersetzung mit dem Rechtsextremismus seit dem Sommer 2000 bewirkte eine Sensibilisierung in Teilen der Öffentlichkeit und eine gesteigerte Wachsamkeit in Politik und Verwaltung. Für Sachsen-Anhalt ist hier beispielhaft die Stadt Salzwedel zu nennen, in der sich ein „Arbeitskreis für Demokratie und Weltoffenheit" gründete. War bei einer

Demonstration im März 2000 noch eine gewisse Hilflosigkeit gegenüber dem Auftreten der NPD festzustellen, hat sich nicht zuletzt durch die Unterstützung von *Miteinander e.V.* ein Bürgerengagement entwickelt, das in Zusammenarbeit mit den politisch Verantwortlichen der Stadt zu einer kreativen und intensiven Auseinandersetzung mit rechtsextremen Erscheinungen in der Region geführt hat. Ein breites Bündnis von Initiativen, Vereinen, Kirchen, Gewerkschaften, Parteien und Verantwortungsträgern der Stadt begegnete einer NPD-Demonstration im Februar 2002 mit phantasievollen und friedlichen Aktionen, ohne sich von der NPD Form und Inhalt der Auseinandersetzung vorgeben zu lassen.

Durch öffentliche Demonstrationen lenkt die NPD immer wieder die mediale Aufmerksamkeit auf sich. Als Wahlpartei ist sie jedoch erfolglos. Es gelang ihr nicht, an die Wahlerfolge der sechziger Jahre in der alten Bundesrepublik anzuknüpfen, als sie in sieben Landtagen vertreten war und mit einem Stimmenanteil von 4,3 Prozent bei der Bundestagswahl 1969 den Einzug in den Bundestag knapp verpasste. Der Niedergang der Partei damals ist weniger auf das gesellschaftliche Engagement gegen Rechtsextremismus zurückzuführen. Vielmehr veränderten sich die gesellschaftlichen Bedingungen für einen Erfolg der NPD zu Beginn der siebziger Jahre zu ihren Ungunsten. Der Mitte der sechziger Jahre zu verzeichnende Konjunktureinbruch wurde bald überwunden, und durch das Ende der Großen Koalition gelang es den Unionsparteien, einen Teil des Wählerpotenzials der NPD zu integrieren. Die Anfang der siebziger Jahre einsetzende Radikalisierung der NPD, vorangetrieben vor allem durch die Jungen Nationaldemokraten (JN), führte zu einer Annäherung der Partei an neonazistische Gruppen. Der Partei gelang es einerseits, zunehmend neonazistische Akteure an sich zu binden, sie verlor jedoch andererseits als Wahlpartei völlig an Bedeutung.

Erst nach der Wiedervereinigung der beiden deutschen Staaten erlangte die NPD zunehmend Aufmerksamkeit. Ab Mitte der neunziger Jahre nahm sie strategisch eine Scharnierfunktion zwischen neonazistischen Kameradschaften, rechtsextremistischen und gewaltorientierten Jugendlichen und der eigenen Organisation wahr. Die Strategie der Partei basiert auf dem so genannten Drei-Säulen-Konzept, dessen wesentliches Moment in einem martialischen Auftreten bei Demonstrationen („Kampf um die Straße") und einer andauernden Präsenz im jugendkulturellen Sozialraum liegt. Im kommunalen Kontext wurde diese militante Seite mit der oben beschriebenen Strategie der kommunalen Akzeptanz gekoppelt, die für externe Beobachter die NPD oftmals zu einem scheinbar demokratischen Akteur und seriösen Partner werden ließ („Kampf um die Köpfe"). Im „Kampf um die Parlamente", der dritten Säule ihrer Strategie, blieb die NPD aber weiterhin erfolglos.

Die vorliegende Broschüre setzt sich mit der NPD und den von ihr anvisierten Strategien in unterschiedlichen Perspektiven auseinander. Trotz der relativ geringen Mitgliederzahl hat die NPD mit ihrem militanten Flügel eine Mobilisierungsfunktion im neonazistischen Lager übernommen. Über das Innenleben der Partei, ihre Strategie und ihre Aktivitäten informieren die Beiträge von *Armin Pfahl-Traughber* und *Rainer Erb*. Auf die Situation der NPD in Sachsen-Anhalt geht auf der Basis von Verfassungsschutzinformationen *Werner Sprado* ein.

Ein anderer Schwerpunkt der Publikation widmet sich der Frage nach dem Umgang mit einer rechtsextremen Partei, die medienwirksam jede Gelegenheit zur Provokation nutzt. Welche Institutionen sollen wie darauf reagieren? Die Verfolgung von Gesetzesverstößen ist Sache der Polizei und Justiz. Wie kann ein demokratisch verfasster Staat, wie die Gesellschaft mit einer explizit antidemokratischen Organisation umgehen, die legal ist und den rechtsstaatlichen Schutz genießt? Sind Verbote und Einschränkungen des Demonstrationsrechts die geeigneten Mittel? Diesen Fragen stellen sich die Beiträge von *Horst Meier* und *Bernhard Wagner*.

Die jüngste Auseinandersetzung über gravierende Fehler im Verbotsverfahren gegen die NPD seitens staatlicher Institutionen – insbesondere des Bundesministeriums des Innern – konnte hier nicht berücksichtigt werden. *Christoph Seils* ist es jedoch gelungen, detailliert die mediale Diskussion um die Einleitung des Verbotsverfahrens beim Bundesverfassungsgericht durch die Bundesregierung, den Bundesrat und den Bundestag nachzuzeichnen. Er zeigt auf, welche Rolle die politische Opportunität bei den beiden großen Volksparteien spielt und wie juristische und demokratietheoretische Bedenken gegen ein Parteiverbot beiseite geschoben wurden. *Steffen Reicher* erläutert den Umgang der Medien mit dem Thema Rechtsextremismus und ihre Möglichkeiten, rechtsextremen Parteien eine möglichst geringe öffentliche Plattform zu bieten.

Eine Chronologie von Aktivitäten der NPD und Gegenmaßnahmen mit Schwerpunkt Sachsen-Anhalt rundet die Broschüre ab. Mit den hier versammelten Beiträgen ist es gelungen, einen Einblick in das Innenleben der NPD und ihre Strategien in den neuen Ländern – insbesondere in Sachsen-Anhalt – zu geben, ohne den gesamtdeutschen Rahmen zu vernachlässigen. Wir hoffen, dass die Broschüre zu einer fundierten Aufklärung und zur demokratischen Auseinandersetzung mit der NPD und anderen rechtsextremistischen Erscheinungen in der Bundesrepublik Deutschland beiträgt.

Armin Pfahl-Traughber

Die ideologische, strategische und organisatorische Entwicklung der NPD in der zweiten Hälfte der neunziger Jahre*

Die besondere Aufmerksamkeit, die die NPD seit Mitte der neunziger Jahre auf sich gezogen hat, erklärt sich durch die Folgen ihres Wandels auf ideologischer, organisatorischer und strategischer Ebene. Zwischen der NPD in der Frühphase ihrer Parteigeschichte und der NPD in ihrer gegenwärtigen Situation bestehen zwar Gemeinsamkeiten in ihrer rechtsextremistischen Ausrichtung, die aber in ganz anderer Weise artikuliert und umgesetzt wird. Dies zeigt sich insbesondere bei der Schwerpunktverlagerung der politischen Handlungsebene: Konzentrierte sich die Partei in ihrer erstgenannten Phase auf die Erlangung von Wahlzustimmung und den Einzug in die Parlamente, so geht es ihr gegenwärtig hauptsächlich um Aktionsorientierung im Sinne eines „Kampfes um die Straße". Die damit verbundene Entwicklung ist Ergebnis eines Prozesses, der mit gesamtgesellschaftlichen Aspekten, innerrechtsextremistischen Entwicklungen und innerparteilichen Umbrüchen zusammenhängt. Hier soll der damit verbundene Prozess dargestellt und eingeschätzt werden.

* Bei dem vorliegenden Text handelt es sich um einen Wiederabdruck eines Aufsatzes, der in dem von Claus Leggewie und Horst Meier herausgegebenen Buch „Verbot der NPD oder Mit Nationaldemokraten leben?" im Suhrkamp Verlag, Frankfurt a. M. 2002, erschienen ist.

Die organisatorische Entwicklung

Mitte der neunziger Jahre befand sich die NPD auf dem Tiefpunkt ihrer bisherigen Geschichte (vgl. Dudek/Jaschke 1984; Schmollinger 1984): Aus der bei Wahlen bislang erfolgreichsten und von der Mitgliederzahl stärksten rechtsextremistischen Partei in der Bundesrepublik Deutschland blieb im Ergebnis der Entwicklung von Beginn der siebziger bis in die Mitte der neunziger Jahre ein ständig an Mitgliedern verlierender, innerlich zerstrittener, programmatisch unattraktiver, weitgehend aktionsschwacher und elektoral erfolgloser Personenzusammenschluss ohne konkrete politische Zukunftsperspektive. Verstärkt wurde diese Situation noch dadurch, daß sie nicht nur aus der gesamtgesellschaftlichen Betrachtung heraus, sondern auch innerhalb des rechtsextremistischen Lagers an Bedeutung verloren hatte. Mit der Deutschen Volksunion (DVU) und den Republikanern (REP) bestanden und bestehen zwei bei Wahlkandidaturen in der Regel weitaus erfolgreichere Parteien. Daher war und ist das eigentliche Feld der Aktivitäten der NPD, die parteipolitische Ebene, von lagerintern konkurrierenden Kräften besetzt. Trotz dieser Situation gelang der Partei in der zweiten Hälfte der neunziger Jahre eine Renaissance, die mit einem Anstieg der Mitgliederzahlen, einer weitgehenden innerorganisatorischen Konsolidierung sowie der Wiedergewinnung der Kampagnenfähigkeit – aber nicht mit dem Erzielen von Erfolgen bei Wahlen verbunden war. Am Beginn dieses Prozesses stand eine Erneuerung an der Parteispitze:

Anlässlich des Parteitages vom 23./24. März 1996 in Bad Dürkheim wurde der bayerische Landesvorsitzende Udo Voigt nach einer Kampfabstimmung mit knapper Mehrheit zum neuen Parteivorsitzenden gewählt. Bereits unmittelbar danach verkündete er einige Neuerungen, die für die kommende Entwicklung sowohl auf ideologischer und organisatorischer Ebene als auch hinsichtlich der bündnispolitischen und strategischen Folgen von besonderer Bedeutung sein sollten. Voigt forderte eine thematische Erweiterung der bisherigen Schwerpunkte in der Öffentlichkeitsarbeit auf sozialpolitische Themen, was wiederum mit einer stärker antikapitalistischen Diktion verbunden war und später im Plädoyer für einen „deutschen Sozialismus" oder „nationalen Sozialismus" münden sollte. Darüber hinaus trat er für offensivere Bündnispolitik gegenüber den anderen rechtsextremistischen Parteien in Form von gemeinsamen Gesprächsrunden und Wahllisten ein. Und innerhalb der Partei sollte die paralysierende Wirkung des Vorhandenseins verschiedener Lager durch die Wiederherstellung einer einheitlich handelnden Partei vorangetrieben und die Arbeit der Jugendorganisation Junge Nationaldemokraten (JN) stärker aufgewertet werden (vgl. Sendbühler 1996, S. 4).

Auf der organisatorischen Ebene konnte die NPD in den folgenden Jahren durchaus Erfolge melden: Die Zahl der Mitglieder war in den Jahren 1994 und 1995 noch jeweils um 500 Personen gesunken und hatte 1996 mit 3500 einen Tiefstand erreicht. (Alle Angaben zu Mitgliederzahlen nach: Bundesminister des Innern [Hrsg.], Verfassungsschutzbericht 1995 ff.)

In der zweiten Hälfte dieses Jahres gelang es – offensichtlich als Folge der mit dem neuen Parteivorsitzenden einhergehenden Änderungen –, die in diesem Abwärtstrend zum Ausdruck kommende Austrittswelle zu stoppen. Nach einer Phase der Stabilisierung gelang es sogar, den Trend wieder umzukehren: 1997 stieg die Zahl der Mitglieder auf 4300, 1998 auf 6000 und 2000 auf 6500 an. Bei den neuen Mitgliedern handelte es sich insbesondere um jüngere Männer in den östlichen Bundesländern. Mit den neuen, aktivistisch ausgerichteten Anhängern sowie einer aktionsbezogenen Bündnispolitik konnte die Partei mehrere öffentlichkeitswirksame Aufmärsche mit bis zu 5000 Teilnehmern durchführen. Die Wiedererlangung der Mobilisierungsfähigkeit ging allerdings nicht mit einer Steigerung der Zustimmung bei Wahlen einher: Bei den Bundes- und Landtagswahlen erhielt die NPD nur zwischen 0,1 und 1,4 Prozent der Stimmen. Lediglich in wenigen regionalen Schwerpunkten gelang es der Partei, mit Abgeordneten in Kommunalparlamente einzuziehen. Insgesamt spielt die NPD somit als Wahlpartei keine Rolle.

Die wohl bemerkenswerteste innerorganisatorische Entwicklung ist im geänderten Verhältnis zur Neonazi-Szene zu sehen. Lange Zeit distanzierte sich die Partei mit Abgrenzungsbeschlüssen formal von solchen Gruppierungen. Damit waren zwar Kontakte zwischen Einzelpersonen der unterschiedlichen Lager nicht unterbunden, die Abgrenzung blieb aber auf der öffentlichen Ebene mit einer gewissen Glaubwürdigkeit existent. Diese Einstellung änderte sich bereits in der Zeit vor der Wahl Voigts zum Parteivorsitzenden schrittweise. Eine wichtige Rolle spielten hier die JN, die schon immer etwas schärfere Positionen als die Mutterpartei vertraten. Vor diesem Hintergrund sahen einige Neonazis die NPD-Jugendorganisation nach den Verbotsmaßnahmen als ein interessantes organisatorisches Auffangbecken an. Ab 1995 öffneten sich die JN mehr den neonazistischen Aktivisten, wodurch nicht nur allein, aber doch zu gewichtigen Teilen ihre jahrelang rückläufige Mitgliederzahl vom Vorjahresstand von rund 150 auf 400 im Jahre 1998 und auf fast 500 im Jahre 2000 anstieg. Hinzu kamen als weitere neue Mitglieder insbesondere Jugendliche aus dem rechtsextremistisch orientierten Skinhead-Bereich, wodurch die JN eine organisatorische Schnittstelle für unterschiedliche junge Rechtsextremisten wurden. Einige Neonazis gelangten im Laufe der Zeit auch in führende Funktionen und entwickelten erheblichen Einfluss zunächst innerhalb der JN und danach auch in der Mutterpartei.

So wurden etwa die Neonazis Steffen Hupka, Frank Schwerdt und Jens Pühse 1998 in den Bundesvorstand gewählt. Sie prägten als Organisatoren der größeren Demonstrationen und sonstigen Veranstaltungen nachhaltig das öffentliche Erscheinungsbild der JN, aber auch der NPD und entfalteten starken ideologischen Einfluss auf die programmatische Entwicklung von Jugendorganisation und Gesamtpartei. Hinzu kommt, dass diese Neonazis auch weiterhin Kontakt in die Szene halten und die sich in den „Kameradschaften" sammelnden Neonazis den JN und der NPD zuführen oder sie als Mobilisierungspotenzial für Aufmärsche nutzen konnten. Innerhalb der Partei fand die zunehmende Zusammenarbeit mit Neonazis indes keinen ungeteilten Beifall, wobei die Vorbehalte weniger in grundlegenden politischen Differenzen und mehr in Rücksichtnahmen auf das öffentliche Erscheinungsbild und Ängsten vor einer neonazistischen Übernahme der Partei durch Unterwanderung bestanden.

Ideologische Veränderungen

Die angedeuteten politisch-programmatischen Veränderungen in der zweiten Hälfte der neunziger Jahre vollzogen sich lediglich auf der ideologietheoretischen Ebene innerhalb des Rechtsextremismus. Sie führten nicht zur Akzeptanz der Spielregeln und Wertvorstellungen des demokratischen Verfassungsstaates. Ganz im Gegenteil verschärfte sich die verbale Ablehnung. Der Parteivorsitzende Voigt stellte etwa die Legitimation des Staates Bundesrepublik Deutschland in Frage, indem er ihn als Diktat der Siegermächte bezeichnete und ihm eigene Souveränität absprach. Man dürfe nicht außer Acht lassen, „dass der Staat Bundesrepublik Deutschland der Staat der Sieger des Zweiten Weltkrieges ist und dass die Politiker des Bonner Systems, ihre

Institutionen und Handlungen den strategischen Zielen der Kriegsgewinnler untergeordnet sind" (Voigt 1997a). Und das Bundesvorstandsmitglied Per Lennart Aae äußerte im Parteiorgan *Deutsche Stimme*: „Jeder Tag, an dem das gegenwärtige System weiterexistiert, mindert die Chancen erheblich, dass das deutsche Volk es noch überleben wird!" Der Fall eines überholten und schädlichen Systems müsse zunächst durch geistige Auseinandersetzung vorbreitet werden, was eben die Aufgabe der „nationalen Opposition" und insbesondere der NPD sei. Wolle man doch einen vollständigen „Sieg über das gegenwärtige liberalkapitalistische Herrschaftssystem und damit verbunden das Einläuten einer neuen geschichtlichen Epoche, die dann jedoch unter völkischem Primat stehen wird" (Aae 1997, S. 6 f.).

Angesichts derartiger Auffassungen lassen sich keine gravierenden Unterschiede zu früheren politischen Äußerungen der NPD feststellen. Eine Änderung ergab sich dafür aber in der ideologischen Ausrichtung, die fortan weitaus stärker zu nationalsozialistischen und nationalrevolutionären Argumentations- und Diskursmustern neigte und in diesem Kontext insbesondere antikapitalistische und sozialpolitische Positionen bezog. Bereits in einem programmatischen Artikel für die *Deutsche Stimme* nach seiner Wahl als Parteivorsitzender deutete Voigt eine solche inhaltliche Orientierung an. Danach solle sich die Wirtschaft dem Primat der Politik unterordnen. Nur eine nationale Politik garantiere eine nationale Volkswirtschaft und Arbeitsplätze für Deutsche. Voigt wörtlich: „Wir Nationaldemokraten wollen eine neue Ordnung, in der nicht Zins und Kapital, sondern der Mensch im Mittelpunkt steht" (Voigt 1996a, S. 2). Entsprechend stellten fortan auch sozialpolitische Aussagen einen Schwerpunkt der Öffentlichkeitsarbeit der NPD dar. Dies zeigte sich etwa bei Demonstrationsparolen wie den folgenden: „Deutsche Arbeitsplätze für deutsche Arbeitnehmer", „Mehr soziale Gerechtigkeit!"

oder „Großkapital vernichtet weitere Arbeitsplätze" (vgl. Deutsche Stimme 6/1996, S. 1; 7/1996, S. 1; 9/1996, S. 1).

Nicht die inhaltliche Präsentation, sondern deren Intensität macht das Neue aus. Entsprechende Einstellungen bestanden in der NPD bereits zuvor, hatten allerdings nicht einen solchen herausgehobenen Stellenwert in der politischen Selbstdarstellung. Voigt forderte denn auch gegen Ende des Jahres 1996 konsequenterweise eine wirtschafts- und sozialpolitische Neuorientierung (Apfel 1996, S. 4). Neben der häufigeren Verwendung fällt darüber hinaus auf, dass das Aufgreifen sozialpolitischer Themen nicht mehr von ausländerpolitischen Themen überlagert wird. Dafür zeigte sich eine zunehmende inhaltliche Verkoppelung der sozialpolitischen Auffassungen mit der Ablehnung des politischen Systems. Indessen ging in dieser Phase der Parteientwicklung der verbal scharfe antikapitalistische Diskurs noch nicht mit einem dezidierten Bekenntnis zu einem wie auch immer gearteten „Sozialismus" einher.

Nationalrevolutionäre Töne fanden sich bei der Kommentierung außenpolitischer Fragen, wie etwa Voigts Stellungnahme zu den Auseinandersetzungen zwischen den USA und Irak im Jahre 1996 zeigt. Antiamerikanische und antiimperialistische Ideologieelemente nutzend formulierte er: „Der amerikanische Militär-, Wirtschafts- und Kulturimperialismus ist die Folge jener unheilvollen universalistischen Weltbeglückungsideologien mit Absolutheitsanspruch, wie wir sie im Staatssystem des Marxismus/Kommunismus erlebten und als Ausdrucksform des herrschenden Liberalismus tagtäglich noch erleben. Die NPD ist der Gegner aller Varianten imperialistischer Unterdrückung. Für uns steht fest, dass der Nationalismus die Aufgabe haben wird, die Völker im gemeinsamen Kampf gegen imperialistische Unterdrückungsmechanismen anzuführen" (Voigt 1996b, S. 2). Hinter diesem Bekenntnis steht ideologisch nicht nur die Kritik an der konkreten Politik der US-Regierung oder den Erscheinungsformen der US-Kulturindustrie, vielmehr wird diese verbunden mit einer fundamentalen Ablehnung der so genannten liberalen und westlichen Politikvorstellungen, die synonym für die Grundprinzipien und Spielregeln eines modernen demokratischen Verfassungsstaates anzusehen sind. Denn gleichzeitig hat man unter dem Schlagwort der „Solidarität der Völker" wenig Probleme damit, diktatorischen Regimen in den Entwicklungsländern seine Sympathie auszudrücken.

Die direkte Einforderung eines nationalen Sozialismus kam erst im Jahr 1998 verstärkt auf und dabei zunächst noch in der verbalen Artikulationsform des „sozialen Nationalismus". Exemplarisch steht dafür ein im Januar 1998 in der *Deutschen Stimme* erschienener Text: Danach müsse der Nationalismus zu einem europäischen Nationalismus werden, der die einzelnen Vaterländer nicht negiere, sondern in einer höheren Einheit begründe. „Dieser Prozeß", so heißt es weiter, „wird nicht möglich sein mit den Formeln der demokratischen Gesellschaftslehre, der Alchemie des Föderalismus oder des Parlamentarismus nach dem Muster von Straßburg." Demgegenüber müsse eine anzustrebende andere Entwicklung auf einen sozialen Nationalismus setzen. Dieser sollte die Arbeit von der Stufe der Lohnarbeit erlösen und das Kapital auf die Funktion eines wirtschaftlichen Hilfsmittels reduzieren, womit Arbeit letztendlich auch zur Grundlage der gesamten sozialen Ordnung werde: „Das typischeuropäische Ideal des ‚homo faber' findet so seine Erklärung in einem nicht mehr materialistischen und umstürzlerischen, sondern spiritualistischen und hierarchischen Sozialismus – einer sozialistischen Aristokratie" (Silex 1998, S. 15).

Hier fordert man dezidiert ein sozialistisches Gesellschaftsmodell als Ideal ein und betont gleichzeitig den inhaltlichen Unterschied zu einer politisch linken Auffassung des Sozialismus-Verständnisses. Die materialistische und revolutionäre Komponente wird abgelehnt und die geistige und hierarchische Komponente bejaht. Anlässlich einer Kundgebungsrede am 1. Mai 1998 in Leipzig äußerte Voigt: „Wir glauben fest daran: Sozialismus ist machbar! – Unser Sozialismus ist aber ein Sozialismus des Volkes und nicht des internationalen Klassenkampfes" (zit. n. Distler 1998a, S. 1). Und kurz danach formulierte er im Parteiorgan: „Wir Nationaldemokraten bekennen uns heute zu einem deutschen Sozialismus" (Voigt 1998a, S. 2). Fortan wurden Bezeichnungen wie „deutscher Sozialismus", „völkischer Sozialismus" und „volksbezogener Sozialismus" (vgl. z. B. Maier 1998, S. 6; Aae 1998, S. 13) in öffentlichen Verlautbarungen der NPD gängige Formulierungen, um die eigenen politischen Positionen der Partei zu markieren. Voigt erklärte im Juli 1998 sogar, man dürfe nicht davor zurückschrecken, „positive Aspekte der untergegangenen DDR – gerade in der Sozialpolitik – aufzugreifen und positiv zu besetzten und für das Volk nachvollziehbare Bezugspunkte herzustellen. Wir müssen, gerade in Mitteldeutschland, klarmachen, daß wir Nationalisten die faktische Nachfolge der Kommunisten in der Vertretung sozialer Lebensinteressen des deutschen Volkes angetreten haben" (Voigt 1998b, S. 2).

Strategische Entwicklungen

Am Beginn der strategischen Entwicklung in der Ära Voigt stand die bündnispolitische Initiative gegenüber den anderen rechtsextremistischen Parteien: Bereits der den neuen Vorsitzenden wählende Parteitag vom März 1996 sprach sich dafür aus, eine gemeinsame Wahlplattform der „nationalen Rechten" unter Einbeziehung der DVU und der REP zu schaffen (vgl. Sendbühler

1996, S. 4). Bei den als mögliche Bündnispartner umworbenen Parteien stießen derlei Absichten allerdings auf keine große Akzeptanz: Die REP lehnten etwa eine solche Zusammenarbeit auf ihrem Bundesparteitag im Oktober 1996 ab, was in der NPD-Presse als Ausdruck von Anbiederung und Realitätsfremdheit kritisiert wurde (vgl. Michaelis 1996, S. 5). Kurz danach rief man ebendort die als Forum für bündnispolitische Gespräche genutzten „Runden Tische" zum Eintritt in die NPD auf, gelte es doch, das „rechte Lager" hinter der Partei zu sammeln (vgl. Lämmel 1996, S. 7).

Mit dieser Entscheidung war das Scheitern einer bündnispolitischen Orientierung im Parteienbereich verbunden. Voigt konstatierte denn auch anlässlich des am 7./8. Dezember 1996 durchgeführten Programmparteitages in Bremen: „Von uns ausgehende Vorschläge im Hinblick auf ein ‚Bündnis Deutschland' zur Bundestagswahl 1998 sind allerdings gescheitert. Herr Dr. Frey erklärte, dass er an normalen Beziehungen zur NPD interessiert ist, sich bei Wahlen allerdings nur gegenseitige Absprachen vorstellen kann, keine gemeinsame Kandidatur unter einem übergeordneten Begriff. Herr Schlierer hingegen lehnt jede Form der Zusammenarbeit rundweg ab" (Voigt 1997b, S. 8). Daher könne man nur auf die eigene Kraft vertrauen und einen eigenen Weg der nationalen Politik gehen. Als einzigen konkreten Hoffnungsschimmer meinte der Vorsitzende die Situation in Sachsen benennen zu können: Dort sei es an der Tagesordnung, dass Mitglieder nationaler Konkurrenzparteien zur NPD wechselten, gehe doch dort die dynamische politisch-nationale Bewegung von seiner Partei aus.

Mit diesem Hinweis auf die Entwicklung in dem östlichen Bundesland Sachsen (vgl. Distler 1997, S. 10) wurde auf die bemerkenswerteste organisatorische Entwicklung in den Landesverbänden verwiesen, denn binnen kurzer Zeit entwickelte sich die sächsische NPD zu dem mit Abstand größten Landesverband der Partei. Ende 1998 hatte sie dort 1400 Mitglieder, womit etwa ein Drittel aller NPD-Mitglieder in diesem Bundesland lebte (vgl. Hübner 1998a, 1998b). Die bis zu diesem Zeitpunkt stürmische Entwicklung der Partei ging indes nicht mit einer größeren Akzeptanz bei Wahlen einher. Zwar konnte die NPD bei den Bundestagswahlen 1998 mit 1,2 Prozent der Zweitstimmen in Sachsen und bei den dortigen Landtagswahlen 1999 mit 1,4 Prozent der Stimmen einen gewissen Achtungserfolg verbuchen, aus diesen Ergebnissen ließ sich aber keine nennenswerte gesellschaftliche Resonanz oder gar Verankerung ableiten. Dass elektorale und organisatorische Entwicklung nicht parallel verlaufen, hängt mit der besonderen sozialen Zusammensetzung der neuen Mitglieder in diesem Bundesland zusammen. Überwiegend handelt es sich um jüngere Männer aus den unteren sozialen Schichten mit Sympathien oder gar Zugehörigkeiten zur Skinhead-Szene, teilweise aber auch um Aktivisten aus neonazistischen Personenzusammenschlüssen. Dieses Personenpotenzial ist überaus aktionsfreudig, aber nicht nur politisch, sondern auch sozial eher gesellschaftlich marginal. Es schreckte offenbar selbst die über gewisse Sympathien für rechtsextremistische Einstellungen verfügenden Wähler von einem Votum zugunsten der NPD ab. Durch diese Ambivalenz ergaben sich auch Probleme für die strategische Ausrichtung der Partei, die in einem Dilemma steckte.

Voigt reagierte darauf mit einer neuen Konzeption, die er anlässlich einer Tagung des Bundeshauptausschusses der NPD am 11. Oktober 1997 in Form eines Modells dreier Säulen präsentierte: Erstens die Programmatik („Schlacht um die Köpfe"), zweitens die Massenmobilisierung („Schlacht um die Straße") und drittens die zielgerichtete Wahlteilnahme („Schlacht um die Wähler") (vgl. Webenau/Distler 1997, S. 4). Die Aktionsorientierung der Partei betonte der Parteivorsitzende auch anlässlich des von der NPD am 7. Februar 1998 in Passau veranstalteten „Tages des nationalen Widerstandes": Die NPD sei noch eine Wahlpartei, aber längst keine „Rechtspartei" mehr im herkömmlichen Sinne, werde man doch in absehbarer Zeit die Bewegung des nationalen Widerstandes schlechthin sein. Voigt sprach sich darüber hinaus für eine neue Aktionseinheit unter der Führung der NPD aus und bezeichnete diese als „Nationale Außerparlamentarische Opposition" (NAPO) (vgl. Distler 1998b, S. 3; Rabe 1998, S. 4). Und NPD-Sprecher Klaus Beier erklärte anlässlich eines von der NPD initiierten Aufmarsches in Leipzig am 1. Mai 1998: Der proklamierte „Kampf um die Straße" nehme eine herausragende Position ein, denn man wolle sich im Rahmen der verfügbaren Kräfte in die aktuellen Auseinandersetzungen aktiv einmischen und Zeichen setzen. „Mit der Massenmobilisierung unserer Anhängerschaft zu Großveranstaltungen und Demonstrationsmärschen", so Beier, „bietet sich dazu die Möglichkeit, und die werden wir entschlossen nutzen" (zit. n. Busch 1998, S. 8).

Mit dieser strategischen Ausrichtung war endgültig eine Absage an eine bündnispolitische Ausrichtung der NPD im Parteienbereich verbunden. Voigt äußerte im Juni 1998: „Wir haben es bis zur ersten Jahreshälfte vergangenen Jahres glaubhaft versucht, mit REP und DVU zu einer gemeinsamen Basis zu kommen und sind an egoistischen Eigensuchten gescheitert." Im Unterschied zu den von ihm als „system-angepasst" beschriebenen Parteien DVU und REP wolle seine Partei einen anderen inhaltlichen und strategischen Weg einschlagen: „Es geht der NPD nicht um kurzfristige Wahlerfolge, sondern um langfristige kontinuierliche Aufbauarbeit einer ernstzunehmenden politischen Kraft. Erst wenn wir den ‚Kampf um die Straße' endgültig für uns entschieden haben, kann der ‚Kampf um die Parlamente' mit der Aussicht geführt werden, keine schnell verschwindenden Proteststimmen zu kanalisieren, sondern eine dauerhafte nationale Kraft zu etablieren" (Voigt 1998c, S. 3).

Bei der Organisation von größeren und öffentlichkeitswirksamen Demonstrationen und Veranstaltungen konnten NPD und JN durchaus Mobilisierungserfolge verbuchen: Dazu gehörte etwa der von ihnen organisierte Aufmarsch am 1. März 1997 in München, an dem sich 5000 Personen beteiligten. Hierbei handelte es sich um die seit Beginn der siebziger Jahre größte von Rechtsextremisten initiierte derartige öffentliche Veranstaltung, an der neben NPD- und JN-Mitgliedern auch Neonazis und Skinheads teilnahmen. Anlass bot die vor Ort gezeigte Ausstellung „Vernichtungskrieg. Verbrechen der Wehrmacht 1941–1944". Die Wanderausstellung motivierte fortan mehrere Städte in der erwähnten Konstellation zu Demonstrationen unter der Anleitung der NPD und der JN mit 800 bis dreitausend Teilnehmern. Mobilisierungserfolge verbuchte die Partei auch mit anderen Agitationsthemen: An einer unter dem Motto „Nationale Front gegen Sozialabbau und Arbeitslosigkeit" stehenden Demonstration am 1. Mai 1998 in Leipzig beteiligten sich zwischen 4000 und 5000 Personen. Dabei dominierten insbesondere Jugendliche, die laut dem Parteiorgan noch durch eine sich in Glatzen, Bomberjacken und rechter Jugendkultur manifestierende Protesthaltung motiviert seien. Aber gerade in jungen Jahren verfestigten sich politische Einstellungen, die morgen aus ausgegrenzten Kahlköpfen klar denkende und politisch bewusste Aktivisten mache (vgl. Distler 1998b, S. 3; Busch 1998, S. 8).

Ab 1999 ging die Zahl der Demonstrationsteilnehmer zurück: Im Januar beteiligten sich in Kiel lediglich rund 1000 Aktivisten an einer Demonstration unter dem Motto „Der Soldaten Ehre ist auch unsere Ehre", und im Februar nahmen in Magdeburg an einer Demonstration gegen die doppelte Staatsangehörigkeit nur rund 800 Personen teil. Lediglich anlässlich des „2. Tags des nationalen Widerstandes" im Mai 2000 in Passau konnten noch einmal rund 4000 Aktivisten mobilisiert werden. Zwar gelangen in Berlin im Mai und November 2000 ebenfalls Mobilisierungserfolge mit rund 1200 bzw. 1400 Teilnehmern. In der vergleichenden Betrachtung zu den Vorjahren muss allerdings ein deutlicher Rückgang der Anzahl der Demonstranten konstatiert werden. Als Reaktion auf die im Sommer 2000 beginnende öffentliche Diskussion um das Verbot der NPD setzte die Partei Anfang September aus Angst vor unliebsamen Folgen sogar zeitweilig die Durchführung von weiteren Demonstrationen aus. Bereits Ende Oktober hob der Parteivorstand dieses Verbot allerdings wieder auf und mobilisierte weiter Anhänger zu Aufmärschen gegen das drohende Verbot der Partei und zu anderen Anlässen und Themen. Aber auch hierbei konnten nicht mehr so viele Aktivisten wie in den Jahren zuvor auf die Straße gebracht werden. An einer Demonstration in Berlin zum „Tag der deutschen Einheit" nahmen 2001 nur ungefähr 1000 Personen teil. Der Vorsitzende Voigt trat dort zusammen mit führenden Aktivisten aus der Neonazi-Szene als Redner auf.

Bilanzierende Einschätzung des Wandlungsprozesses

Die Renaissance der Partei gestaltet sich in ganz anderer Art und Weise, als dies in ihrer Anfangsphase in der zweiten Hälfte der sechziger Jahre der Fall war. Während die NPD seinerzeit phasenweise als Wahlpartei etabliert schien sowie über ein entsprechendes Wählerpotenzial und eine damit verbundene gewisse gesellschaftliche Verankerung verfügte, vermittelt sie in der zweiten Hälfte der neunziger Jahre ein ganz anderes Bild.

Nach einer langen Phase der innerlichen Auszehrung kann von einer organisatorischen Festigung gesprochen werden, wofür sowohl die finanzielle Konsolidierung als auch der starke Anstieg der Mitgliederzahlen spricht. Darüber hinaus gelang es ihr, wieder kampagnenfähig zu werden, was sich allerdings primär durch die Veranstaltung von einzelnen Demonstrationen mit vielen Teilnehmern und weniger durch die Kontinuität öffentlicher Präsenz in anderer Form zeigt. Bei Wahlen – und dies dürfte der entscheidende Unterschied zur Frühphase sein – gelang es der NPD aber nicht, Erfolge vorzuweisen. So wichtig etwa Resultate von knapp über einem Prozent der Stimmen vor dem Hintergrund der Beteiligung an der Wahlkampfkostenrückerstattung sein mögen, so wenig kann hier auch nur annäherungsweise von einer Etablierung als Wahlpartei gesprochen werden.

Die Bedeutung und das Gefahrenpotenzial der NPD ergeben sich vielmehr durch die Verlagerung der politischen Handlungsschwerpunkte weg von der Ebene „Politik" im Sinne von Parteipolitik hin zu der Ebene „Aktion" im Sinne von öffentlichen Demonstrationen. Mit diesem Prozess einer ging die allerdings nicht konfliktfreie Zusammenarbeit mit Neonazis und Skinheads, also mit dem teilweise gewaltgeneigten Teil des Rechtsextremismus. In der Folge dieser Entwicklung kam es zu einer Verschärfung der bisherigen rechtsextremistischen Agitation durch eine aggressive Diktion und martialisches Auftreten in der Öffentlichkeit mit militärähnlicher Bekleidung. Zwar schreckte dieses Gebaren sich als gut bürgerlich verstehende Sympathisanten ab, gleichwohl entfaltete es eine attraktive Wirkung auf ein anderes Personenpotenzial. Dies erklärt etwa die relative organisatorische Stärke der NPD in Sachsen, wo die Partei durch ihre alltagskulturelle Präsenz mit Freizeitangeboten ein bestimmtes Jugendmilieu für sich gewinnen konnte (vgl. Cziesche 2001, S. 46–49). Hierzu gehören insbesondere junge Männer mit formal geringer Bildung aus unterer sozialer Schicht. Sie bilden für die NPD längerfristig sowohl ein Mobilisierungs- wie Politisierungspotenzial, das für Aktionen unterschiedlichster Art als auch für den Aufbau von Parteistrukturen genutzt werden kann. So entwickelt sich eine eigenständige, rechtsextremistisch ausgerichtete Jugendkultur heraus, die wiederum anziehend auf andere Jugendliche wirkt. Die NPD bietet ihr ebenso Möglichkeiten zur Freizeitgestaltung wie ein organisatorisches Dach, was beides zur Anbindung an oder Integration in die Partei beiträgt.

Literatur:

Aae, Per Lennart, 1997: Das „Gesetz der komparatiblen Kostenvorteile" als Alibi für die Globalisierung der Wirtschaft, in: Deutsche Stimme 6/1997.

Aae, Per Lennart, 1998: Volk, Nation und Sozialismus, in: Deutsche Stimme 9–10/1998.

Apfel, Holger, 1996: Delegierte forderten deutliche Signale, in: Deutsche Stimme 12/1996.

Bundesminister des Innern (Hrsg.), 1996 ff.: Verfassungsschutzbericht 1995 ff. Bonn bzw. Berlin.

Busch, Reinhard, 1998: 1. Mai: Nationale Front gegen Sozialabbau und Arbeitslosigkeit, in: Deutsche Stimme 4–5/1998.

Cziesche, Dominik, 2001: Einfach aufregend, in: Der Spiegel 2/2001, S. 46–49.

Deutsche Stimme 6/1996.

Deutsche Stimme 7/1996.

Deutsche Stimme 9/1996.

Distler, Jürgen, 1997: Aufbruch in Sachsen, in: Deutsche Stimme 6/1997.

Distler, Jürgen, 1998a: Sozialismus ist machbar, in: Deutsche Stimme 4–5/1998.

Distler, Jürgen, 1998b: Aufbruchstimmung: 6500 Menschen drängten sich in der Nibelungenhalle, in: Deutsche Stimme 2/1998.

Dudek, Peter/Jaschke, Hans-Gerd, 1984: Entstehung und Entwicklung des Rechtsextremismus in der Bundesrepublik. Zur Tradition einer besonderen politischen Kultur. Opladen.

Hübner, Ralf, 1998a: Zulauf zur NPD in Sachsen „besorgniserregend", in: Der Tagesspiegel vom 5. Juni 1998.

Hübner, Ralf, 1998b: Sachsen bleibt eine Hochburg der NPD, in: Frankfurter Allgemeine Zeitung vom 4. Februar 1998.

Lämmel, Albert, 1996: Ein Wort zu den „Runden Tischen", in: Deutsche Stimme 12/1996.

Maier, Waldemar, 1998: Eine deutsche Zukunft durch sozialistische Politik, in: Deutsche Stimme 7/1998 .

Michaelis, Axel, 1996: Weiter geht's mit Dr. Schlierer und seinem Abgrenzungskurs, in: Deutsche Stimme 11/1996.

Rabe, Stefan, 1998: NPD-Parteitag bestätigt Udo Voigt im Amt, in: Deutsche Stimme 2/1998.

Schmollinger, Horst W., 1984: Die Nationaldemokratische Partei Deutschlands, in: Stöss, Richard (Hrsg.): Parteien-Handbuch. Die Parteien der Bundesrepublik Deutschland 1945–1980, Opladen. S. 1922–1994.

Sendbühler, Karl-Heinz, 1996: Udo Voigt ist neuer NPD Parteivorsitzender!, in: Deutsche Stimme 3–4/1996.

Silex, 1998: Die nationale und soziale Ordnungsform Europas, in: Deutsche Stimme 1/1998.

Voigt, Udo, 1996a: Für eine neue Ordnung, in: Deutsche Stimme 4/1996.

Voigt, Udo, 1996b: Für eine neue Ordnung, in: Deutsche Stimme 10/1996.

Voigt, Udo, 1997a: Wer schützt die politische Opposition vor dem „Verfassungsschutz"?, in: Eibicht, Rolf-Josef (Hrsg.),

1997: Unterdrückung und Verfolgung Deutscher Patrioten. Gesinnungsdiktatur in Deutschland? Viöl. S. 156–166.

Voigt, Udo 1997b: Auf die eigene Kraft vertrauen, in: Deutsche Stimme 1/1997.

Voigt, Udo, 1998a: Weltanschauung und Parteiaufbau sind vorrangig, in: Deutsche Stimme 6/1998.

Voigt, Udo, 1998b: Lagertheorien sind veraltet, in: Deutsche Stimme 7/1998.

Voigt, Udo, 1998c: Unsere Strategie greift erst in Jahren, in: Deutsche Stimme 11/1998.

Webenau, Alexander von/Distler, Jürgen, 1997: Kleiner Parteitag gab grünes Licht für NPD-Wahlteilnahme, in: Deutsche Stimme 11/1997.

WERNER SPRADO

Nationaldemokratische Partei Deutschlands (NPD)

Strategie und Taktik einer verfassungsfeindlichen Partei*

Nach einer Reihe zum Teil gewalttätiger Vorkommnisse mit rechtsextremistischem Hintergrund in verschiedenen Regionen der Bundesrepublik Deutschland entbrannte in der Öffentlichkeit eine breite Diskussion darüber, wie dem Gebaren von Rechtsextremisten aller Schattierungen begegnet werden kann. Positiv ist zunächst festzuhalten, dass die Eindämmung des Rechtsextremismus als gesamtgesellschaftliche Aufgabe in Deutschland begriffen wird. Bürgerinitiativen, Vereine, Verbände, Gewerkschaften, demokratische Parteien und Persönlichkeiten des öffentlichen Lebens setzen deutliche Zeichen gegen diese unheilvolle Entwicklung.

In diese Diskussion griff auch der Staat ein, der durch seine Sicherheitsbehörden ein genaues Bild über die rechtsextremistischen Aktivitäten besitzt und seine Aufgaben zum Schutz der Demokratie wahrnahm. Denn mit Blick auf die Schwächen der Weimarer Republik wurden im Grundgesetz Mechanismen geschaffen, Feinden der demokratischen Grundordnung Einhalt zu gebieten. Neben der Beobachtung verfassungsfeindlicher Bestrebungen durch die Bundes- und Landesbehörden für Verfassungs-

---

* Der Beitrag basiert auf einem Vortrag des Autors an der Hochschule Magdeburg-Stendal (FH) am 18. April 2000 und wurde vom zuständigen Arbeitsbereich der Landesbehörde für Verfassungsschutz Sachsen-Anhalt aktualisiert und in schriftliche Form gebracht.

schutz besteht nach Vorliegen der gesetzlichen Voraussetzungen die Möglichkeit, Organisationen und auch Parteien, die gegen Grundprinzipien der Verfassung arbeiten, zu verbieten.

Im letzten Quartal des Jahres 2000 ergab eine verfassungsrechtliche Prüfung, dass die NPD verfassungsfeindliche Ziele in aktiv-kämpferischer Weise verfolgt. Ein Verbot der Partei wäre zur Bewahrung der demokratischen Grundordnung erforderlich, angemessen und auch verhältnismäßig. Auf der Grundlage einer umfangreichen Materialsammlung der Verfassungsschutzbehörden des Bundes und der Länder reichten die Verfassungsorgane Bundesregierung, Bundestag und Bundesrat jeweils Anträge an das Bundesverfassungsgericht mit dem Ziel ein, die Verfassungswidrigkeit der NPD festzustellen und sie somit in Deutschland zu verbieten.

Seit ihrer Gründung im Jahr 1964 lässt die NPD keinen Zweifel daran aufkommen, der gegenwärtigen freiheitlichen und demokratischen Gesellschaftsform feindlich gegenüberzustehen. Der Parteivorsitzende Udo Voigt sprach sich 1998 klar für eine politische Wende in Deutschland aus. Aus den „Trümmern des liberalkapitalistischen Systems der BRD" (vgl. Voigt 1998) solle eine nationale politische Ordnungsform errichtet werden. Dabei müsse jede nationale und völkische Ordnungsform gleichwohl auch eine sozialistische sein. Die Forderung nach einer Verbindung von Nationalismus und Sozialismus findet in der rechtsextremistischen Szene sowohl Zustimmung als auch Ablehnung. Maßgeblich Kreise der neonazistischen Szene propagieren eine „sozialistische Volksgemeinschaft", so wie sie schon im 25-Punkte-Programm der NSDAP von 1920 formuliert worden war.

Die NPD sieht ihren „Kampf um die Macht" längerfristig angelegt. Um die Strategie und Taktik ihren Mitgliedern und Sympathisanten auch vermitteln zu können, ersannen die

Parteiideologen das so genannte Drei-Säulen-Konzept.¹ Es soll der Anhängerschaft plakativ klar machen, wie die politische Hegemonie zu erreichen ist: mit dem „Kampf um die Köpfe", dem „Kampf um die Straße" und dem „Kampf um die Parlamente".

Im Rahmen ihres strategischen Konzepts „Kampf um die Straße" hatte die NPD in den letzten beiden Jahren – regelmäßig zusammen mit Neonazis und Skinheads – eine Vielzahl von Demonstrationen veranstaltet, darunter auch mehrere Großdemonstrationen, an denen bis zu 5000 Personen teilnahmen. Damit erreichte die Partei zum einen Aufmerksamkeit in der Bevölkerung und zum anderen dokumentierte sie deutlich ihre Führungsrolle gegenüber der unorganisierten rechtsextremistischen Szene. Auch der Landesverband Sachsen-Anhalt intensivierte insbesondere unter dem Landesvorsitz von Steffen Hupka² seine Öffentlichkeitsarbeit zu aktuellen tagespolitischen Themen. Im Jahr 1999 fanden in der Landeshauptstadt Magdeburg zwei größere Demonstrationen statt:

Die von Steffen Hupka angemeldete Kundgebung am 27. Februar zählte nach Polizeiangaben über 800 Teilnehmer. Unter dem Motto „Keine deutschen Pässe für Ausländer" hatten sich neben Anhängern der NPD und der Jungen Nationaldemokraten (JN) auch etliche Neonazis eingefunden. Hupka nannte die CDU-Unterschriftenkampagne gegen die doppelte Staatsbürgerschaft unsinnig und sprach sich gänzlich gegen die Integration von Ausländern aus. Jedes Volk solle seine Gene in dem Kulturraum vermehren, der ihm angestammt sei. Deshalb müsse man verhindern, dass sich deutsche Gene mit fremdländischen vermischten. Der Hamburger Neonazi Thomas Wulff,

---

1 Das Konzept wurde auf einem Kleinen Parteitag am 5. Oktober 1997 beschlossen.
2 Hupka war bis März 2000 NPD-Landesvorsitzender.

NPD-Demonstration in Magdeburg am 17. April 1999.

einer der führenden Protagonisten der „Freien Nationalisten", ließ die Waffen-SS hochleben. Sie habe heldenhaft bis zur letzten Patrone gekämpft und so ermöglicht, dass daraus heute die wahre Identität der Deutschen erwachsen könne.

Am 17. April kamen zu einer Demonstration der NPD nach Polizeiangaben wieder mehr als 800 Teilnehmer zusammen. Die Veranstaltung war vom damaligen Landesvorsitzenden der NPD in Sachsen-Anhalt Steffen Hupka angemeldet worden. Unter den Mottos „Keine deutschen Pässe für Ausländer" und „Kein deutsches Blut für fremde Interessen – USA und NATO raus aus Europa" hatten sich neben Anhängern der NPD und ihrer Jugendorganisation JN auch etliche Neonazis eingefunden. Als Hauptredner sprachen Hupka und der Neonazi Christian Worch aus Hamburg. Die Teilnehmer trugen Spruchbänder gegen Ausländer und skandierten Rufe wie „Ruhm und Ehre der Waffen-SS".

Seit jeher ist die NPD bestrebt, auch in Parlamenten auf Bundes-, Landes- und Kommunalebene vertreten zu sein. An die Wahlerfolge in der zweiten Hälfte der sechziger Jahre konnte sie zwar nicht wieder anknüpfen, gleichwohl misst sie dem „Kampf um die Parlamente" eine wichtige Bedeutung bei.

Für die NPD stellen die lokalen Erfolge bei Kommunalwahlen eine wichtige Grundlage für die politische Basisarbeit dar. So erklärte der Parteivorsitzende Udo Voigt auf dem Bundesparteitag am 23. und 24. Februar 2000 in Mulda (Sachsen), das nationale politische Fundament müsse in den Kommunen aufgebaut werden. In der Gemeinde müsse man die Vertreter deutscher Bürgerinteressen persönlich kennen, nur dann könne man sich dauerhaft in den deutschen Parlamenten verankern.

Bei den im Jahr 2001 in Sachsen-Anhalt durchgeführten Bürgermeister- und Landratswahlen trat die NPD mit mehreren Personen an. So kandidierte der Landesvorsitzende Andreas Karl aus Billroda für das Amt des Landrates im Burgenlandkreis sowie für das Bürgermeisteramt in der Stadt Laucha. Auch der frühere Parteivorsitzende und vorbestrafte Günter Deckert trat zur Wahl des Stadtoberhauptes von Bad Kösen an. Die NPD-Kandidaten wurden nicht in die Ämter gewählt.[3]

Die Teilnahme an Europa-, Bundes- und Landtagswahlen hingegen ist rein taktischer Natur. Man wolle Präsenz zeigen, in die Schlagzeilen rücken und vor allem Gelder aus der Wahlkampfkostenrückerstattung kassieren. Deutlich wird immer wieder, dass die NPD ihren Wahlkampf auf soziale Brennpunkte wie Plattenbausiedlungen und Wohngebiete, die vornehmlich von Arbei-

---

[3] Die Hoffnung der NPD, bei den Landtagswahlen in Baden-Württemberg und Rheinland-Pfalz den Märtyrereffekt nutzen sowie unzufriedene REP-Mitglieder für sich gewinnen zu können, ging nicht auf. In Baden-Württemberg erzielte die Partei 0,2 und in Rheinland-Pfalz karge 0,5 Prozent der Stimmen. Bei den Kommunalwahlen in Hessen verlor die NPD drastisch und büßte zwei Drittel ihrer kommunalen Mandate ein. In ihren Hochburgen verlor sie immerhin die Hälfte ihrer Wählerschaft.

tern bewohnt werden, zuschneidet. Hier hofft sie durch die Verquickung von nationalistischen und sozialen Forderungen auf Stimmengewinne.

Eine permanente Hauptaufgabe sieht die NPD-Führung im Ausbau der Parteigliederungen auf Landes- und Kreisebene in Verbindung mit der Rekrutierung von neuen Mitgliedern. Im Wesentlichen lassen sich diese Maßnahmen unter dem bereits oben erwähnten „Kampf um die Köpfe" subsumieren.

Die seit Frühsommer 2000 entfachte Verbotsdiskussion brachte zunächst einen Mitgliederzuwachs um 500 Personen auf insgesamt 6500 Parteimitglieder Ende 2000/Anfang 2001. Der Neuaufnahme von Mitgliedern stehen jedoch auch zahlreiche Austritte gegenüber, sodass die Zahl von 6500 nach unten korrigiert werden muss.

Die Mitgliederentwicklung des Landesverbandes Sachsen-Anhalt stagniert. Rund 240 Personen gehören der Partei an. Die Mehrheit der Mitglieder ist in den Kreisverbänden Magdeburg, Burgenlandkreis, Halle, Merseburg-Querfurt, Salzwedel, Sangerhausen und Ostharz organisiert. Daneben haben sich einige wenige Ortsgruppen gebildet. Die angestrebte Gründung weiterer Kreisverbände wie z. B. im Raum Schönebeck, Bernburg, Köthen und Bitterfeld hängt jedoch ursächlich mit der Entwicklung des sachsen-anhaltischen Landesverbandes ab, der in zwei Lager gespalten ist – einem Pro-Hupka-Lager, das sich mehrheitlich aus so genannten neonazistischen „Freien Nationalisten" zusammensetzt, und den eher traditionellen Nationaldemokraten, die sich um den gegenwärtigen Landesvorsitzenden Karl und dessen Landesvorstand scharen.

Auch die Proklamation „national befreiter Zonen" gehört in das strategische Konzept der NPD. Das Konzept für die Strategie der „national befreiten Zonen" geht ursprünglich auf ein Papier zurück, das in der Zeitschrift *Vorderste Front – Zeitschrift für politische Theorie & Strategie* (Vorderste Front 2/1991) des „Nationaldemokratischen Hochschulbundes" (NHB) erschienen war. Der unbekannte Autor forderte darin die Etablierung einer antistaatlichen Gegenmacht „von unten". Sie sollte aus autonomen Freiräumen für die rechtsextremistische Szene erwachsen.

Nachdem der Aufruf, „befreite Zonen" zu schaffen, in der Szene jahrelang nur auf geringe Resonanz gestoßen war, greifen ihn Rechtsextremisten seit einiger Zeit wieder auf. So veröffentlichte z. B. das NPD-Parteiorgan *Deutsche Stimme* mehrere Artikel, in denen sich allerdings unterschiedliche Auffassungen vom Begriff selbst und über die Zielvorstellungen offenbarten. „Befreite Zonen" werden zwar immer wieder thematisiert, Begrifflichkeit und Zielvorstellungen jedoch uneinheitlich verwendet. Rogler[4] versteht darunter die gelegentliche rechtsextremistische Präsenz auf der Straße oder die rechtsextremistische Rock- und Skinhead-Musik und überschätzt damit deren politische Bedeutung.

Mayer[5] sieht Möglichkeiten „befreiter Zonen" insbesondere in der Musikszene, in Begegnungsstätten und im Internet. Weitergehende Beispiele kann er sich zwar vorstellen, sieht sie aber nicht als realisiert an. Er relativiert damit die gelegentlich in der Presse beschriebenen Vorstellungen „befreiter Zonen" von angeblich angestrebten ausländerfreien Bereichen oder von Stätten, die der politische Gegner meide.

Mayer setzte sich in der *Deutschen Stimme* (2/2000) erneut mit dem Projekt „befreite Zonen" auseinander. Bei der Schaffung staatsunabhängiger „befreiter Zonen" weist er „linken" und

---

4 Christian Rogler ist deutscher Staatsbürger mit Wohnsitz in Salzburg (Österreich), gehört der Redaktion des NPD-Organs *Deutsche Stimme* an, publiziert in den rechtsextremistischen Postillen *Nation & Europa*, *Signal*, *Staatsbriefe* etc.
5 Hubert Mayer (Bayern) ist Redakteur der *Deutschen Stimme*.

ausländischen Gruppen eine Vorbildfunktion zu. Seit Ende der sechziger Jahre gebe es im „linksradikalen und kommunistischen Bereich" ein Netz von Infoläden, Büchereien, Kultur- und Sozialeinrichtungen. Ein anderes erfolgreiches Beispiel für die Unabhängigkeit vom Staat stellten Ausländergruppen in Deutschland dar, die über ein dichtes Netz von – teilweise sogar staatlich unterstützten – Sozial- und Kultureinrichtungen verfügten. Mayer regte an, Deutschland nicht nur mit einem „Spinnennetz" national ausgerichteter Läden und Lokale zu überziehen, sondern auch die Arbeit mit den Medien zu intensivieren. So könnten das Internet, aber auch „Offene Kanäle", Radio- und TV-Sendungen weitaus besser genutzt werden. Professionelle und zukunftsorientierte Zeitschriftenprojekte könnten so zur Schaffung von „befreiten Zonen gegenüber den Lizenzmedien" beitragen. Darüber hinaus sollten aber auch am Arbeitsplatz, in der Schule und in der Nachbarschaft „befreite Zonen" geschaffen werden. Die größten Erfolge dieses Konzepts sieht Mayer in der einschlägigen Musikszene, in der bereits Freiräume entstanden seien.

Der frühere NPD-Bundesschulungsleiter und aktive Neonazi Steffen Hupka definierte in seinen „Strategieüberlegungen" in der *Deutschen Stimme* (11/1999) den Begriff der „befreiten Zonen" als Instrument zur Herbeiführung gesellschaftlicher Veränderungen mit dem Ziel einer „nationalen und sozialen Gesellschaftsordnung". Zur Durchsetzung bedarf es laut Hupka einer bereits existierenden starken und kampffähigen Basis. Vorbedingung dafür seien „befreite Zonen in mehr oder minder starker Ausprägung". Diese Zonen sollten in zwei Stufen aufgebaut werden:

1. *Schaffung einer materiellen Basis*
   Wohnräume für „Kameraden", Versammlungsräume, Sporträume, Kneipen sollen gemietet oder gekauft werden. Durch kulturelle Veranstaltungen oder Schankbetrieb sollen „auch

zunächst außenstehende Jugendliche über diesen Umweg für die politische Sache gewonnen werden".
2. *Beeinflussung der Menschen in und um die Zone*
In den befreiten Zonen soll den Menschen die Volksgemeinschaft „vorgelebt" werden, um sie von der Richtigkeit der angestrebten politischen Zielsetzung zu überzeugen. Dazu sollen „die Menschen, die um dieses Objekt herum und in dem Ort wohnen, durch tadelloses Auftreten positiv" beeinflusst werden. „Dem Bedürftigen ist vor Ort zu helfen, sodass der Einsatz für das Gemeinwohl (,Volksgemeinschaft') für jeden im Dorf, im Stadtteil deutlich wird."
Bislang liegen der Verfassungsschutzbehörde keine Erkenntnisse vor, dass derart definierte „national befreite Zonen" in Sachsen-Anhalt tatsächlich installiert worden sind. Gleichwohl wird in diesem Zusammenhang auf die Bedeutung von Objekten, die von Neonazis erworben werden, ausdrücklich hingewiesen.

Durch die Besetzung von rechtspopulistischen oder so genannten weichen Themen ist die Partei bestrebt, ihre Anhängerschaft stetig zu vergrößern und vor allem auch breitere Schichten der Bevölkerung zu erreichen.

Im NPD-Zentralorgan *Deutsche Stimme* (1/2000) heißt es hierzu:

„Es scheint deshalb überlegenswert, innerhalb des so genannten ,Drei-Säulen-Konzeptes' neue Wege zu beschreiten. Wie man mittlerweile feststellen konnte, stößt die NPD bei der Mitgliederentwicklung und bei den Wahlergebnissen nach erfreulichen Fortschritten an Grenzen [...]. Warum also beim Kampf um Straße, Köpfe und Parlamente nicht einmal neue – vor allem auch so genannte weiche – Themen aufgreifen? Unbestreitbar waren die Demonstrationen der NPD gegen die Anti-Wehrmachtsausstellung richtig und wichtig, ebenso wie die gegen den Doppel-Pass. Andererseits weiß doch mittlerweile jedes

Kind, wie die nationalistische Partei [sic!] zu diesen ‚harten' Themen steht. Und falls nicht, sorgen dafür schon die hetzenden Medien. Warum sollte die nächste Demo-Welle nicht einmal gegen die Auslöschung lokaler Identitäten erfolgen? Tausende Dörfer, Gemeinden und Städte wurden gegen den meist überwältigenden Willen der Bevölkerung zwangseingemeindet. [...]

Der bioregionalistische Kampf um selbstständige Heimatorte kann ebenso sinnvoll sein, wie der Kampf für Tier- und Naturschutz, der von den Grünen bekanntlich längst preisgegeben wurde. Die neue Tierschutzpartei erzielt bei den Wahlen keine unwesentlichen Stimmenanteile und lässt die NPD bei Wahlen oft genug hinter sich. Andere alternative ‚weiche' Themen liegen ebenso auf der Straße. Familie, Abtreibung, Arbeitslosigkeit etc." (Deutsche Stimme 1/2000)

Rechtsextremistische Ideologen wie Dr. Reinhold Oberlercher[6] bekommen ausreichend Gelegenheit, ihre politischen und wirtschaftlichen Auffassungen zur Staatsordnung in Deutschland oder zu Wirtschaftsformen in NPD-Publikationen zu veröffentlichen. Dr. Oberlercher entwickelte Grundsätze einer raumgerechten Nationalökonomie, die auf deutschem Grund und Boden wirtschaften solle (vgl. Oberlercher 1998).

Statt im Export zwischen Euphorie und Depression hin und her zu schwanken, gelte es, sich der fremdwirtschaftlichen Ab-

6   Der Soziologe Oberlercher gehörte nach eigenen Angaben in den sechziger Jahren dem Sozialistischen Deutschen Studentenbund (SDS) an und näherte sich in der zweiten Hälfte der achtziger Jahre dem rechtsextremistischen Lager. Insbesondere in der Zeitschrift *Staatsbriefe* publizierte er eine Reihe von programmatischen Beiträgen, die einerseits die Erneuerung der Reichsidee forderten, andererseits „nationalmarxistische" Positionen aufwiesen. Mitte der neunziger Jahre intensivierte Oberlercher seine bisherige Schulungsarbeit im „Deutschen Kolleg", mit dem er die „Machtergreifung" einer „neuen deutschen Nationalbewegung" vorbereiten wollte.

hängigkeit von der diktatorischen Freihandelsdoktrin des antinationalen Finanzkapitals zu entziehen und so der Zerstörung aller gewachsenen und steuerbaren Volkswirtschaften zu begegnen. Oberlercher lehnt in diesem Kontext den Kapitalismus als unsittlich ab und will Personen, die Kapital zur Spekulation zweckentfremden, als „Kapitalverbrecher" verfolgen lassen.

Der „Kampf um die Köpfe" ist zweifelsohne mit der Schulung von Mitgliedern und Anhängern der NPD verbunden. In der ersten Jahreshälfte wurde die von Hupka verfasste Broschüre „Weg und Ziel" als offizielle Schulungsunterlage parteiintern veröffentlicht. Sie enthält neben den eher rein organisatorisch ausgerichteten Artikeln zum „Schulungskonzept", zu den „Vorteilen des Kaderprinzips", zur „Basisgruppenarbeit" und „zur Notwendigkeit von Demonstrationen" ideologische Diskurse zu den „Nationaldemokratischen Wirtschaftsgrundsätzen" und zum „Kulturbegriff der NPD" (vgl. Hupka 2000).

Der Artikel „Unser Welt- und Menschenbild", von Hupka selbst verfasst, stellt schließlich ein Bekenntnis zum Nationalismus dar. Dieser sei das „lebensrichtige Weltbild", „das den jeweiligen neuesten naturwissenschaftlichen Erkenntnissen angepasst wird" und deshalb zeitlos sein soll. Hupka leitet den Nationalismus auch biologistisch her: Der Mensch könne sein Verhalten nicht beliebig normieren, ihm seien „biologische Grenzen" gesetzt.

Von der Biologie kommt er direkt zur Politik: „Territorialität ist für den Menschen grundlegend und existenzsichernd. Der Nationalismus ist die politische Ausprägung des Territorialverhaltens und dient der Arterhaltung, also einem biologischen Grundprinzip. Das Bekenntnis zum Nationalismus stimmt also mit einem der wesentlichsten Grundprinzipien überein. Das Bekenntnis zum Nationalismus ist Bekenntnis zum Fortschritt" (Hupka 2000).

Hupka und – durch den offiziellen Charakter des Heftes implizit – die NPD bekennen sich schließlich zur Revolution: „Entscheidendes Kennzeichen unseres Nationalismus ist sein revolutionäres Ziel, das eine Orientierung am nationalen und sozialen Status quo ausschließt. Im Interesse der Menschen und des ganzen Volkes wird eine Veränderung der territorialen und sozialen Zustände eingeleitet, die zwangsläufig revolutionären Charakter haben muss" (Hupka 2000).

Für die gesamtgesellschaftliche Diskussion über das Für und Wider eines Verbotes der NPD sprach sicherlich die unbestreitbare Nähe zum Nationalsozialismus. Bereits seit längerer Zeit, insbesondere seit der Demonstration gegen die Ausstellung „Vernichtungskrieg – Verbrechen der Wehrmacht 1941 bis 1944" am 1. März 1997 in München, suchen Neonazis ihre politische Heimat in der NPD. Mehrere der Neonazi-Szene zuzurechnende Personen gehörten oder gehören dem Parteivorstand an, darunter Steffen Hupka und Frank Schwerdt aus Berlin, ehemaliger Vorsitzender der „Nationalen e. V." Diese Kräfte forderten immer wieder, die Rolle der NPD innerhalb der nationalen Opposition auszudehnen und die Zusammenarbeit mit so genannten autonomen Kameradschaften zu verstärken. Nur dann könne die NPD ihrem Anspruch gerecht werden, als integrale Kraft zu wirken und die nationale Bewegung parlamentarisch zu vertreten.

Im Zuge der Verbotsprüfung entfaltete die NPD eine gegen den Rechtsstaat gerichtete Kampagne unter dem Motto „Argumente statt Verbote", in deren Rahmen sie die Option eines Parteienverbots gemäß Artikel 21 Abs. 2 des Grundgesetzes als „Putschversuch von oben" und als „Zeichen repressiver politischer Willkür gegen rechts zur Beruhigung der Medienöffentlichkeit" denunzierte. Die NPD-Führung beklagte in diesem Zusammenhang eine „Pogromstimmung von Politik und Medien".

Der Parteivorstand beschloss Mitte des Jahres 2000, vorerst keine Demonstrationen im Namen der NPD oder ihrer Jugendorganisation zuzulassen. Stattdessen sollte mit zahlreichen Infoständen und Flugblattverteilungen möglichst flächendeckend die Position der NPD-Führung in der Verbotsdebatte deutlich gemacht werden. Jedoch erreichten diese Maßnahmen auch in Sachsen-Anhalt nicht die erwartete Publizität.

Durch die so genannte Wortergreifungsstrategie sollten Anhänger der NPD auf die vielfältigen öffentlichen Diskussionen über den Rechtsextremismus Einfluss nehmen. „Wir kennen doch alle die Erfahrung, daß unsere Veranstaltungen kaum oder gar nicht Beachtung finden [...]. Gehen wir ab sofort vermehrt in die Veranstaltungen der Etablierten, ergreifen wir dort das Wort und fordern dort die Herrschenden in Diskussionen heraus, den Unsinn ihrer Politik der Bevölkerung zu erklären" (Hupka 2000).

Der NPD-Kreisverband Magdeburg beherzigte die von Voigt verkündete „Wortergreifungsstrategie", indem unter anderem der Kreisverbandsvorsitzende Matthias Güttler am 15. September 2000 in Schönebeck das „Forum gegen Gewalt" besuchte, das sich unter Beteiligung breit gefächerter gesellschaftlicher Kreise gegründet hatte. Die *Schönebecker Volksstimme* berichtete in ihrer Ausgabe vom 18. September 2000 über die Veranstaltung und – wertneutral – über den Auftritt der NPD-Mitglieder.

Die Neonazis innerhalb und außerhalb der NPD, ihnen voran Steffen Hupka und Christian Worch, wandten sich gegen ein Verbot der NPD und gaben sich selbstbewusst und kämpferisch. Im Namen einer „Initiative gegen Parteienverbote" führten sie am 26. August in Halle/Saale und am 4. November 2000 in Berlin Demonstrationen unter dem Motto „Meinungs- und Versammlungsfreiheit statt Verbote" durch. Hupka konnte allein in Berlin 1200 Anhänger und Sympathisanten der NPD und des neonazistischen Spektrums mobilisieren. Als Folge dieser nicht parteioffiziellen Veranstaltungen änderte der Parteivorstand sein Konzept und ließ wieder öffentlichkeitswirksame Aktionen durchführen.

Zahlreiche Stellungnahmen zu politischen Themen im Internet oder auf Parteiveranstaltungen verdeutlichen, dass die NPD sich vom Verbotsverfahren wenig beeindrucken lässt. Wes Geistes Kind sie wirklich ist, darüber gibt es keinen Zweifel.

Literatur:

Deutsche Stimme 11/1999.
Deutsche Stimme 1/2000.
Deutsche Stimme 2/2000.
Hupka, Steffen, 2000: Weg und Ziel – Nationalistisches Schulungsheft, Nr. 1/2000.
Oberlercher, Reinhold, 1998: Wege zur raumorientierten Volkswirtschaft, in: Deutsche Stimme, Nr. 9–10 und 11/1998.
Oberlercher, Reinhold, 1998: Raumorientierte Volkswirtschaft gegen Globalisierung, in: DESG-inform, Nr. 9/1998.
Oberlercher, Reinhold, 1998: Ein Ausweg aus der Globalisierungsfalle, in: Opposition, Nr. 4/1998.
Oberlercher, Reinhold, 1998: Grundriss der deutschen Volkswirtschaft, in: Signal, Nr. 126/1998.
Voigt, Udo, 1998, in: Deutsche Stimme, Nr. 11/1998.
Vorderste Front – Zeitschrift für politische Theorie & Strategie, Nr. 2/1991.

Rainer Erb

Die kommunalpolitische Strategie der NPD Ende der neunziger Jahre

Drei rechtsextreme Parteien haben in den vergangenen Jahren um Wählerstimmen geworben: die 1983 gegründete Partei Die Republikaner (REP), die Deutsche Volksunion (DVU, 1987 gegründet) und die Nationaldemokratische Partei Deutschlands (NPD, gegründet 1964). Nur der DVU und den REPs gelang im vergangenen Jahrzehnt der Einzug in einzelne Landesparlamente. Die REPs waren über zwei Legislaturperioden von 1992 bis 2001 im Landtag von Baden-Württemberg vertreten, bei den Wahlen im Frühjahr 2001 scheiterten sie mit einem Stimmenanteil von 4,4 Prozent an der 5-Prozent-Hürde. Mit überraschenden 12,9 Prozent zog 1998 die DVU in den Landtag von Sachsen-Anhalt ein. Diesen Erfolg konnte die Partei durch aufwendige Wahlwerbung 1999 in Brandenburg mit 5,3 Prozent der Stimmen auf niedrigerem Niveau wiederholen. Bei allen anderen Wahlen in diesem Zeitraum war diesen Parteien mangels ausreichender Stimmen der Einzug in die Parlamente verwehrt worden. Die NPD ist seit drei Jahrzehnten, als sie bei der Bundestagswahl 1969 mit 4,3 Prozent der Stimmen knapp am Einzug in den Bundestag gescheitert war, verlässlich erfolglos. Ihr Stimmenanteil lag bei den folgenden Landtagswahlen meist unter einem Prozent.

Bereits aus diesen wenigen Informationen sind zwei charakteristische Merkmale zur Geschichte der rechtsextremen Parteien erkennbar: Die Parteienlandschaft ist in sich zersplittert und zerstritten, drei Parteien konkurrieren gegeneinander um dasselbe Wählersegment. Die Parteien können ihre gelegentlichen Erfolge auf Länderebene nicht stabilisieren und ausbauen. Und die immer wieder auftretenden Träume von der „Einheit des nationalen Lagers" sind ausnahmslos alle an Organisationsegoismen gescheitert.

Die langen Jahre des politischen Misserfolgs führten bei der NPD zu einer zunehmenden Überalterung ihrer verbliebenen Mitglieder, die sich angesichts veränderter politischer Koordinaten nicht neu orientieren konnten, sich in eine besserwisserische Abwehrhaltung versteiften und die Opferrolle pflegten. Teilweise nahm die Anhängerschaft die sektiererischen Züge der „letzten Aufrechten" an, nach dem Motto: „Auch wenn alle sich irren, so bleiben wir doch unseren Ideen treu." Die Partei entwickelte eine Zählebigkeit, die trotz Erfolglosigkeit ihren Fortbestand auch ohne Umstellung auf neue Aufgaben garantierte. Diese Feststellung bedeutet, dass es für die Partei nicht allein entscheidend war, ob ihre Forderungen gehört und ihre politischen Ziele erreicht wurden. Rechtsextreme Parteien sind niemals reine Zweckvereinigungen, sondern immer zugleich auch Gesinnungsgemeinschaften, um gemeinsame Visionen und generationsgebundene Erinnerungen wach zu halten, den Zusammenhalt Gleichgesinnter zu pflegen und so das unbequeme, Unlustgefühle hervorrufende Nebeneinander von Wissen und Zweifeln, von Gewissheit und Ungewissheit zu vermeiden. Im Vergleich zu anderen politischen Parteien konnte die NPD ihre durch Tod und Überalterung entstandenen Lücken in den achtziger Jahren nur sehr schwer schließen, weil der Kreis von jüngeren Leuten, die als neues Mitgliederpotenzial in Betracht kamen, verhältnismäßig klein war. Die rechthaberische Pflege der Erinnerung an einstige Erfolge und der fehlende Gegenwartsbezug machte sie in den Augen junger Menschen zu Repräsentanten einer zu Ende gegangenen Epoche („Altherrenriege"), die die jüngere Generation selbst nicht mehr aus eigenem Erleben kennt. Bis 1995 hatte die NPD ständig an Mitgliedern verloren (Tiefstand 1995: 4000), seither nimmt die Zahl der Mitglieder laut Bundesamt für Verfassungsschutz kontinuierlich auf 6500 im Jahr 2000 zu (BfV 2001, S. 31). Dieses unattraktive Erscheinungsbild begann sich Anfang der neunziger Jahre langsam zu ändern, als junge Aktivisten neue Konzepte und zeitgemäße Aktionsformen entwickelten. Der 1996 zum Parteivorsitzenden gewählte Udo Voigt (Jg. 1952, ehemals Hauptmann der Bundeswehr und Dipl.-Politologe) reagierte mit strategischen und organisatorischen Neuerungen auf die desolate Lage. Die Partei akzentuierte unter seiner Führung antikapitalistische und antiglobalistische Programmelemente, orientierte sich wieder stärker am Modell einer Kaderpartei und steuerte einen aktionistischen, Öffentlichkeit heischenden Kurs. Die Partei und ihre Jugendorganisation Junge Nationaldemokraten (JN) öffnete sich gegenüber den neonationalsozialistischen Gruppierungen und dem jugendlichen, fremdenfeindlich eingestellten Gewaltmilieu. Diese Verjüngung erklärt unter anderem auch die stärkere Außenaktivität der NPD im Vergleich zu anderen rechtsextremen Parteien. Die großen Altersunterschiede zwischen den älteren Parteifunktionären in Westdeutschland und der Masse der relativ jungen Mitglieder in Ostdeutschland haben zu beträchtlichen Spannungen innerhalb der NPD geführt. Sie entstanden sowohl im Konflikt um politische Inhalte als auch um Mentalitäten und zwischen kleinbürgerlich angepassten und subkulturell provokanten Lebensstilen. Der Druck, den die zu einer radikalen Haltung neigenden neuen Gruppen auf die Parteispitze ausübten, wurde auch außerhalb wahrnehmbar, als die Parteiführung auf die beginnende Verbotsdiskussion mit einer Beschwichtigungsstrategie reagieren wollte, diese aber gegen die jüngeren Aktionisten nicht durchsetzen konnte. Seit der Verbotsdiskussion ist die Partei mehr getrieben als treibend.

Subkulturelle Modernisierung

Mit dem professionell aufgezogenen Handel von Szene-Artikeln (Musik, Büchern, Videos, Kleidung und Schmuck), mit der Organisation von Konzerten „nationaler" Liedermacher und Rechtsrock-Kapellen, mit zahlreichen Straßenaufmärschen und „nationalen" Veranstaltungen etablierte sich die NPD als Bewegungsunternehmer für die rechte Jugendszene. Rechtsextreme Kameradschaften nutzen das Parteiprivileg der NPD, um unter ihrem Dach zu agieren. Nach den zahlreichen Verboten rechtsextremer Vereinigungen seit Anfang der neunziger Jahre traten etliche dieser Aktivisten der NPD und den JN bei und besetzten dort alsbald Führungspositionen. Der große Zuwachs vor allem an jungen Mitgliedern in den neuen Bundesländern (der Landesverband Sachsen war zeitweise mit 1400 Mitgliedern von insgesamt ca. 6500 Mitgliedern bundesweit der größte Teilverband) und erste kommunale Wahlerfolge bestärkten die Parteiführung schließlich in ihrem Entschluss, ihren Arbeitsschwerpunkt nach Ostdeutschland zu verlagern. Für die parteieigene Verlags- und Vertriebsgesellschaft wurde ein Bürogebäude im sächsischen Riesa erworben, und der Besitz einer Liegenschaft aus einem Vermächtnis in Berlin-Köpenick ermöglichte es der Partei im Januar 2000, ihre Bundesgeschäftsstelle von Stuttgart nach Berlin zu verlegen. Auch hier, in der szeneintern als „Reichshauptstadt" titulierten Metropole, begann die NPD im Bündnis mit „freien Kameradschaften", durch provokante Aufmärsche überwiegend jugendlicher Marschierer unter Partei- und Reichsfahnen alsbald auf sich aufmerksam zu machen. Der Protestmarsch im Januar 2000 gegen das geplante Holocaustmahnmal in Berlin-Mitte durch das Brandenburger Tor verschaffte ihr weltweite Medienaufmerksamkeit. Die NPD weiß, dass sie die Schwelle zur öffentlichen Wahrnehmung nicht überspringen kann. Daher versucht sie, die Medien für ihre Propaganda zu funktionalisieren. Die Medien sollen ihr als Lautsprecher dienen, verstärkt ins Land posaunen, was ihr mit eigenen Mitteln nicht gelingt. Öffentliche Aufmärsche von uniformierten jungen Männern mit kurzen Haaren an Plätzen nationaler Bedeutung zwingen die Medien auf Grund ihrer Chronistenpflicht zur Berichterstattung. Was die NPD mangels Bedeutung und Unterstützung niemals erreichen kann, schafft sie gelegentlich durch Provokation. Die Fahnen der NPD und der Neonazis vor dem Brandenburger Tor sind allemal ein Foto auf den Titelseiten der Weltpresse wert.

Die Partei hat damit ihren Anspruch demonstriert, die Straßen von Berlin von den „Linken und Roten" zurückzuerobern. Aus taktischen Gründen tritt sie dabei durch einen eigenen, fast militärisch ausgebildeten Ordnerdienst diszipliniert auf, die Sprache ihrer Redner und ihrer Verlautbarungen hingegen ist militant und kampfbetont.

Durch den Beitritt junger Mitglieder und durch die Verjüngung des Vorstandes ist der Partei der Generationenwechsel gelungen. Gleichzeitig hat sie sich durch die Nutzung des Internet und von Infotelefonen kommunikativ modernisiert, der rechten Subkultur geöffnet und durch ihr radikales Image zeitweise die Meinungsführerschaft in der „nationalen Szene" übernommen. Die NPD umwirbt als wichtigste Zielgruppe junge Rechtsextremisten und Jugendliche. Die überproportional höhere Zustimmung von männlichen Erst- und Jungwählern zur Partei bestärkt sie darin, ihre Jugendarbeit in Ideologie und Praxis langfristig auf diese Bevölkerungsschicht auszurichten.

Bei der Rekrutierung von Nachwuchs gehen die Parteimitglieder gezielt vor: Sie beobachten Jugend- und Schülercliquen, und wenn deren Alltagsverhalten – „Stress" mit der Polizei oder mit Ausländern, Vorlieben für einschlägige Musik und Parolen – gewisse subkulturell-politische Affinitäten erkennen lässt, wer-

Steffen Hupka: Rechtsextremer Multifunktionär
und Integrationsfigur in der Szene.

den die Jugendlichen angesprochen und zu einem Musikabend mit Freibier eingeladen. In Berlin heißen diese Werber im Szenejargon „Fänger", in Cottbus und Halle nennt man sie „Scheitel". Der Werber zieht die Clique von der Straße weg in seine Wohnung, wo im Gespräch Übereinstimmungen zu Politik, Ausländern und Arbeitslosigkeit ausgetauscht werden. Bereits vorhandene Vorurteile und Klischees werden zur Zuspitzung eines Feindbildes und zur Legitimierung rechtsextremer Politikziele genutzt. Die Beeinflussung geschieht über Reden und – stärker noch – mit einer auf die Zielgruppe ausgerichteten Musik („Von der Szene, für die Szene"). In einem der beliebten Interviews mit Rechts-Rock-Gruppen antwortet der Sprecher der Band „Noie Werte" auf die Frage, ob er mittels der Musik auch politische Denkansätze in die Köpfe und Herzen des Publikums hineintragen möchte: „Ja, ganz klar. Es ist wichtig, mit Musik die Leute aufzuklären. Vor allem junge Menschen sollen dadurch angesprochen werden und ihnen soll ein besserer Weg aufgezeigt werden, als der USA-Fahne hinterherzulaufen" (Landser 2001, S. 49).

Für Kinder werden Feste ausgerichtet und Schüler unterstützt, die im Meinungsstreit mit ihren Lehrern liegen. Über „bewährte" Formen der Öffentlichkeitsarbeit wie Stadtteil- oder Kinderfeste unterrichten sich die NPD-Kreisverbände untereinander (vgl. Zündstoff 2001, S. 4).

Die erklärte Absicht dabei ist, die NPD als eine „normale" Partei im Spektrum der politischen Meinungen erscheinen zu lassen. Unter dem Codewort „normal" wird der Versuch gemacht, ungehindert rechtsextreme Gedanken zu artikulieren und zu verbreiten, bis unter dem Begriff der Normalität nicht mehr die offene und pluralistische Ordnung der demokratischen Gesellschaft verstanden wird, sondern die „Normalität" der völkischen Ideologie. Die parteieigene Analyse der Berliner Wahl vom Oktober 2001 enthält die zusammenfassende Strategie (vgl. Deutsche Stimme 2001, S. 18): Besonders auf das persönliche Gespräch mit Interessenten wird Wert gelegt, denn nur so sei „eine Kontrolle des Lernprozesses möglich".

Um die Basisarbeit zu verbessern, wird empfohlen, „Ortsstützpunkte" mit Wohnungen und Schulungsräumen zu erwerben. Eine Kneipe oder ein Szeneladen sollen zur Finanzierung der Projekte beitragen (vgl. Hupka 1999).

Zu den weiteren Angeboten dieser „nationalen Jugendarbeit" gehört der Abend am Lagerfeuer, die Grillparty, das Abenteuerwochenende im Wald oder der organisierte Ausflug zu den Denkmälern nationaler Geschichte. Wer wiederholt an solchen Veranstaltungen teilnimmt, legt sich fest. Die Veranstalter erwarten mit Nachdruck, dass der Teilnehmer auf der Linie bleibt, zu der er sich bekannt hat. Er wird dem Druck der Gruppe ausgesetzt, und der Appell an sein „Manneswort" soll ihn zu bestimmten Verhaltensweisen veranlassen. Derartige Methoden sind nicht erfolglos, aber weit davon entfernt, flächendeckend eingesetzt zu werden. Dazu ist die Zahl der aktiven Mitglieder zu gering, sodass immer nur lokal und vorübergehend Schwerpunkte gebildet werden können. Deshalb gibt es Regionen, in denen die NPD überhaupt nicht vertreten ist, und Landstriche, wo sie kaum Außenwirkung entfaltet. In einem Interview (KdF 2000, S. 21 f.)[1] schildert z. B. der 21-jährige Vorsitzende des NPD-Kreisverbandes Pforzheim die Situation so: Der vor drei Jahren wieder gegründete Kreisverband habe 20 Mitglieder, von denen sich aber nur wenige der jüngeren aktiv an der Parteiarbeit beteiligten, während die „alten Kameraden" noch nicht einmal regelmäßig ihre Mitgliederbeiträge bezahlten. Die Aktivitäten haben – hier wie auch andernorts – fast gar keine Außenwirkung, sie beschränken sich auf interne Mitgliederschulungen und der Höhepunkt des Vereinslebens ist die Teilnahme am „Tag des nationalen Widerstandes" in Passau. Auch für die NPD gilt: Leere Fässer machen den größten Lärm.

Kaderpartei aus Misserfolg

Anders als bei der DVU, der die finanziellen Mittel eines Multimillionärs zur Verfügung stehen, sind die finanziellen wie personellen Möglichkeiten der NPD äußerst begrenzt. Aber sie versteht sich als nationalrevolutionäre, weltanschaulich geschlossene und hochgradig disziplinierte Kaderpartei, die politische Aktivisten auswählt, für den Ernstfall schult und gut ausgebildet für eine künftige Machtübernahme bereit hält. Von ihren Mitgliedern,

[1] Bei den Zeitschriften *Landser*, *Zündstoff* und *KdF* handelt es sich um Fanzines.

die verschiedene Anwärterstufen durchlaufen müssen, verlangt sie hohe Einsatz- und Opferbereitschaft.

Als Leitbild wird der „politische Soldat" propagiert, der als fanatischer Weltanschauungskämpfer seiner Partei zur Verfügung steht. Aber die Bestrebung, einen in ideologischer Hinsicht gefestigten, kampfentschlossenen Kader zu schaffen, überfordert mit Sicherheit die Bereitschaft und die Kapazität vieler Parteiangehöriger.

Dieses elitäre Image, einer auserlesenen Gemeinschaft mit einem klaren Freund-Feind-Schema anzugehören, ist nicht unattraktiv, es hilft, die politische Erfolglosigkeit und die Bedeutungslosigkeit im privaten und beruflichen Alltag zu kompensieren.

Die NPD ist sehr viel programmatischer als die anderen rechtsextremen Parteien. Sie gibt ihrer Politik explizit einen weltanschaulichen Unterbau. So lehnt sie die Demokratie als „undeutsche" Staatsform ab, denn sie sei von den westlichen Siegermächten des Zweiten Weltkriegs den Deutschen im Zuge der Umerziehung oktroyiert worden und daher nicht legal. Außerdem seien das demokratisch-pluralistische Prinzip und sein Menschenbild grundsätzlich falsch, da sie an Stelle der naturgegebenen Ungleichheit der Menschen die kosmopolitische Irrlehre von der Gleichheit aller Menschen verträten. Pluralismus sei „Gossendemokratie", wichtige Fragen der Nation könne man nicht schlecht informierten und zufälligen Mehrheiten anvertrauen (so das Parteiorgan Deutsche Stimme 1/1998). Gleich der DVU und den REPs richtet sich auch die NPD an die sozialen „Verlierer", benutzt in ihrer Wahlkampfagitation tagespolitische Aussagen und greift soziale Probleme auf, aber ihre Sprache ist aggressiver und ihr Auftreten militant. Während die DVU einzelne Fehler und Affären demokratischer Politiker zu generellen Missständen aufbauscht, alle sozialen Krisen und politischen Konflikte personalisiert, nicht nach Ursachen sucht, sondern nach Verursachern fahndet, denen sie die Schuld geben kann, lautet die Botschaft der NPD: Nicht das System *hat* einen Fehler, das System *ist* der Fehler. Eine ihrer Straßenparolen lautet: „Gegen System und Kapital, unser Kampf ist national". Das politische System kann nicht reformiert, es muss gestürzt werden („BRD heißt das System, morgen wird es untergehn!"). Soziale Verhältnisse werden von der NPD im Bild eines übermächtigen, seelenlosen Apparats anonymisiert, der das Volk mit Konsum und mit Hilfe der Massenmedien versklavt und manipuliert. Die Übermacht des Systems verlangt nach dem Heldentum derer, die es durchschauen und sich ihm entgegenstemmen. Wo alle manipuliert sind, erscheint der „Nationale Widerstand", der dies entlarvt und ausspricht, vor jeder Manipulation gefeit, als einzig autonomes Subjekt („frei, sozial, national").

In den vergangenen Jahren hat die NPD auf die illusionäre Hoffnung gesetzt, in Ostdeutschland (von der Partei in grenzrevisionistischer Absicht als „Mitteldeutschland" bezeichnet – „Das Reich, unser Auftrag") endlich die Erfolge zu erzielen, die ihr in Westdeutschland verwehrt blieben. Vereinzelte Sitze in Kommunalvertretungen, insbesondere der 1,3-Prozent-Wahlerfolg in Mecklenburg-Vorpommern, der sie 1998 erstmals wieder in den Genuss der Wahlkampfkostenerstattung brachte, beflügelte die Partei in der Absicht, in Brandenburg, Thüringen, Ost-Berlin und vor allem bei der Landtagswahl in Sachsen einen Achtungserfolg zu erzielen. Ostdeutsche Wertvorstellungen wie Vorbehalte gegen das kapitalistische Wirtschaftssystem, verstärkt durch die anhaltend hohe Arbeitslosigkeit nach der „Wende", autoritäre Dispositionen und die Abneigung gegenüber Fremden haben die NPD dazu gebracht, ihrem neuen Programm eine antikapitalistische, kollektivistisch nationale und sozialistische Stoßrichtung zu geben.

Die DDR-Regierung war der NPD darin Vorbild, dass sie niemals Wiedergutmachungsverpflichtungen anerkannt und jüdischen Prominenten keine Rolle im öffentlichen Leben eingeräumt hatte.

Die NPD/JN wirbt um ehemalige SED-Mitglieder und Hoheitsträger der DDR, um die Wähler der PDS und um Jungwähler („kein Teil unseres Volkes soll ausgegrenzt werden"; ein Fernsehwahlspot richtete sich direkt an Jungwähler: „Trau Dich, die NPD hilft bestimmt"). Hinter ihren schwarz-weißroten Reichsfahnen, den Farben des undemokratischen autoritären Machtstaates, soll zusammenwachsen, was ohne die Partei niemals zusammengefunden hätte: Neonazis aus dem Westen und prügelnde Skinheads aus dem Osten, nationale Sozialisten, die bei der PDS den Stolz auf Deutschland vermissen, Möchtegern-Seriöse, frustrierte Antikapitalisten von links und rechts. Diese „national-sozialistische" Kurskorrektur und die neue Mitgliederschaft geben zwar der NPD ein verjüngtes, aggressives Image, haben aber zu erheblichen Ost-West-Spannungen geführt. Zwischen den alten NPD-Herren im Westen einerseits, die ihre prägenden Erfahrungen in der politischen Kultur der alten Bundesrepublik gemacht hatten und Jahrzehnte lang vehement antikommunistisch und antibolschewistisch aufgetreten waren, und den ehemaligen SED-Funktionären andererseits, die ihre Enttäuschung über den Zusammenbruch der DDR in einem neuen sozialistischen Projekt kompensieren wollen, bestehen ideologische Gräben, die auch nicht vom zeitweiligen Erfolg der neuen Parteistrategie verdeckt werden können. Daher ist die Wahlbeteiligung der NPD nicht nur ein neuerlicher Versuch, an parlamentarischer Macht zu partizipieren und ihren Bekanntheitsgrad und ihre Akzeptanz in der Bevölkerung zu steigern, sondern es geht auch um die Entscheidung im innerparteilichen Machtkampf, also um die Meinungsführerschaft im rechtsextremen Parteienspektrum. Mit ihrer Vorstellung von einer national ausgerichteten Wirtschaft (es ist viel von „nationalem Sozialismus" bzw. von „deutschem Sozialismus" die Rede; vgl. Stöss 1999, S. 110) in einem solidarischen Volksstaat gerät die NPD in Konflikt mit der DVU, denn deren Parteivorsitzender Gerhard Frey stellt die kapitalistische Ordnung, die ihm seinen außerordentlichen wirtschaftlichen Erfolg ermöglichte, nicht in Frage. Während die ideologischen Gemeinsamkeiten zwischen DVU und REP groß und Absprachen möglich sind, markieren das dogmatische Programm der NPD und persönliche Animositäten zwischen DVU-, REP- und NPD-Spitze eine unüberschreitbare Grenze. Deren völkisch radikalen, sozialistischen Antikapitalismus lehnen Frey und Schlierer, der Bundesvorsitzende der REPs, entschieden ab. Die NPD qualifiziert Freys Anhänger als „Pappkameraden" und ihn als skrupellosen Geschäftemacher, der das nationale Potenzial aus egoistischen Motiven ausbeute, es durch seine Verlagsprodukte politisch ruhig stelle und letztlich dabei mithelfe, eine echte nationale Opposition zu verhindern.

Schwerpunkt: Neue Bundesländer

Strategisch konzentriert die NPD ihre Kräfte auf die Städte und Gemeinden der neuen Bundesländer, da sie der Auffassung ist, die vorhandene Demokratieskepsis und antikapitalistische Strömungen gäben den geeigneten Resonanzboden für ihre völkische, kulturkämpferische Agitation ab. Im Einzelnen sieht diese Strategie vor: Die geschulten Kader sollen sich durch „tadelloses Auftreten" im kommunalen wie im Vereinsleben bekannt machen, durch Hilfsbereitschaft, durch Rat und Tat den Bürgern zur Seite stehen, sodass für jedermann ihr Einsatz für die „Volksgemeinschaft" sichtbar wird (Deutsche Stimme 11/99 und

12/99). Diese Strategie nennen sie den „Kampf um die Köpfe", die ergänzt wird durch den „Kampf um die Straße". Durch öffentliche Aufmärsche zu national markierten Daten und Ereignissen soll die Öffentlichkeit an die Präsenz der NPD gewöhnt und die Hemmschwelle der Bürger, sich an ihren Demonstrationen zu beteiligen, langfristig abgebaut werden. Wenn durch diese beiden Schritte der Bekanntheitsgrad und die Gewöhnung an die NPD erreicht sei, dann bestünde auch eine verbesserte Aussicht, beim letzten Gefecht, beim „Kampf um die Wähler", die lang vermissten Wahlerfolge zu erzielen.

Das Engagement, das die NPD von ihren „Amtsträgern" auf kommunaler Ebene und im örtlichen Vereinsleben verlangt, orientiert sich nicht primär an der Lösung kommunaler Aufgaben. Diese werden von den dafür eigens geschulten Aktivisten als Mittel zur Steigerung von Akzeptanz und Bekanntheit verstanden. „Bürgernähe zeigen, vor Ort siegen" lautet eine Parole. Die am Ausgleich von Ansprüchen und an der Lösung von Sachaufgaben interessierte Kommunalpolitik soll parteipolitisch und nationalistisch politisiert werden. Es soll der Lokalpatriotismus der Bürger angesprochen werden, um dadurch deutsch-nationale Deutungen zu vermitteln. Aktuell bedeutet dies eine sehr enge Auswahl kommunaler Probleme durch die NPD unter dem Gesichtspunkt möglicher Konflikthaftigkeit und deren Chance zur Dramatisierung (z. B. „Überfremdung" und „Kriminalität"). Dazu rückt sie das Ausländerthema auf den ersten Platz ihrer politischen Agitation. Vorgeblich „deutsche Interessen" sollen gegen „die Ausländer" ausgespielt werden. In den neuen Bundesländern soll eine 98-prozentige einheimische Mehrheit in Panik versetzt werden vor einer zweiprozentigen Minderheit von Zuwanderern.

Konkret stellt sich die NPD dies so vor: Wenn beispielsweise Geld für die Renovierung einer Asylunterkunft ausgegeben wird, soll diese Summe in Beziehung gesetzt werden zu notwendigen Anschaffungen für eine Kindertagesstätte. Die vielfältigen Aufgaben, die eine Gemeinde ständig zu bewältigen hat, sollen gemäß einer völkischen Hierarchie geordnet werden, die demokratischen Würdenträger als „Inländerfeinde" diskreditiert und die eigene Partei als die „echte" Vertretung deutscher Interessen erscheinen. Man will die Verantwortlichen in Städten und Gemeinden bloßstellen, sie zu einer Art Hypermoralismus zwingen, der nur ein entweder – oder kennt.

Diese Konfliktstrategie ist von vornherein auf wenige zu politisierende Themen beschränkt. In der Sache geht es der NPD also nicht darum, einen konstruktiven kommunalpolitischen Beitrag zu leisten, sondern sie will durch das Anheizen von Konflikten und durch die Verschärfung von Krisen ein destruktives Klima schaffen, von dem sie sich erhofft, dass daran demokratische Verfahren und Aushandlungsprozesse scheitern und der Ruf nach einem autoritären Führerstaat laut wird. Die sozialpolitische und kommunalzentrierte Rhetorik der NPD muss daher als Demagogie bezeichnet werden.

Gegenstrategie

Voraussetzung für eine demokratische Gegenstrategie ist zunächst einmal die Kenntnis dieser Partei, ihrer Absichten und der politischen Herkunft ihrer Funktionäre. Auf kommunaler Ebene ist ihre Mimikry zu durchschauen, der Bürger muss die Gefahr kennen, die hier entsteht. Zweitens ist der Mechanismus von politischer Provokation, öffentlicher Resonanz und medialer Aufmerksamkeit zu beachten. Mit radikalen Aktionen soll die Aufmerksamkeit auf bisher nur schriftlich verbreitete Ziele gelenkt werden. Wie bei allen Protestbewegungen sind die unbeteiligten Dritten und die Medien eine wichtige Ressource, um die eigenen Ziele und Werte zu verbreiten, um der Öffentlichkeit zu suggerieren, man habe Erfolg und zahllose Anhänger. Die Diskussion über öffentliche Aktionen ist zwangsläufig mit der Diskussion über die Ziele der Akteure verbunden. Das unbeteiligte Publikum soll in eine Ambivalenz gebracht werden, die man als verstehende Missbilligung bezeichnen kann. Die nächste Etappe wäre dann erreicht, wenn es zu einer Billigung des stellvertretenden Handelns durch die Protestbewegung kommt. Etwa nach dem häufig gehörten Spruch: „Ich missbillige Gewalt gegen Ausländer, aber es gibt zu viele von ihnen."

Damit ist ein grundsätzliches Dilemma öffentlicher Berichterstattung bezeichnet, denn auch die negative Thematisierung transportiert die Inhalte. Es hängt stark von den situativen Bedingungen und von lokalen Umweltfaktoren ab, welche Gegenstrategie man wählt. Die lautstarke Gegenwehr mag manchmal angebracht sein, weil sie die Sympathisanten der Rechtsextremen entmutigt und von den Überzeugungstätern trennt. In anderen Fällen ist es ratsam, die Aktivisten zu ignorieren, weil der ausbleibende Erfolg auch auf sie eine demotivierende Wirkung hat. Und drittens ist in jedem Fall zu prüfen, welche Handlungskosten man den Aktivisten auferlegen kann, sodass ihre sozialen, zeitlichen, juristischen Kosten höher sind als der politische Nutzen.

Abschließend soll die Aufmerksamkeit auf einfallslose Begleiterscheinungen bei NPD-Demonstrationen gelenkt werden. Die jungen NPD-Marschierer kostümieren sich mit Uniformteilen (Bomberjacke und Springerstiefel) als Straßenkämpfer, die Parolen ihrer Transparente sind in Frakturschrift ausgeführt und für ihr Propagandamaterial benutzen sie Bildvorlagen der völkischen, nationalsozialistischen und der Wehrmachtsgrafik. Auch grafisch und typografisch machen sie damit hinreichend deutlich, in welche historische Epoche sie sich mittels der politischen Ästhetik einreihen wollen. Von der Bevölkerung wird diese Epoche und ihre Ideologie mehrheitlich strikt abgelehnt. Deshalb macht das NS-Gepräge die NPD nicht zu einer zukunftsweisenden Avantgarde, sondern zu einer sektiererischen Außenseiterpartei. Es mutet daher befremdlich an, wenn Gegenmobilisierungen sich ebenfalls aus dem Fundus der Vergangenheit bedienen und z. B. Agitprop-Motive der 20er Jahre für ihre Plakate benutzen. Beide Seiten beschwören eine Bürgerkriegssituation, die mit der Realität der Bundesrepublik nichts zu tun hat. Weder wird erneut aus einer marginalen Wirtshauspartei eine Massenbewegung entstehen, noch muss die Demokratie mit Straßengewalt gegen die Antidemokraten verteidigt werden. Es geht nicht darum, die Probleme von heute mit den Methoden von gestern zu bekämpfen, sondern es gilt, eine sachgemäße Analyse und daraus abgeleitete, kreative Gegenstrategien zu entwickeln.

Insbesondere in Berlin, aber auch in anderen Großstädten wurden NPD-Aufmärsche von militanten Gegendemonstranten mit Gewalt, häufig mit Steinwürfen, begleitet. Schreitet dann die Polizei ein, ertönt die – diffamierende – Parole: „Deutsche Polizisten schützen die Faschisten." Die Polizei schützt das Demonstrationsrecht und nicht die „Faschisten". Allerdings schützt die Polizei auch die Demonstranten vor Verletzungen. Die Einsicht in die geringe Abstraktionsleistung, dass hier ein demokratisches Recht von einer Partei genutzt wird, deren Meinung man zutiefst verabscheuen muss, das aber trotzdem nicht zur beliebigen Verfügung steht, sollte man auch von militanten Antifaschisten erwarten können.

Literatur:

Bundesamt für Verfassungsschutz (BfV), 2001: Ein Jahrzehnt rechtsextremistischer Politik. Köln.

Deutsche Stimme 1/1998.

Deutsche Stimme 11/1999.

Deutsche Stimme 12/1999.

Deutsche Stimme 11/2001.

Hupka, Steffen, 1999: Befreite Zonen – aber wie?, in: Deutsche Stimme 11/1999.

KdF 4/2000.

Landser 8/2001.

Pfahl-Traughber, Armin, 1999: Der „zweite Frühling" der NPD zwischen Aktion und Politik, in: Jahrbuch für Extremismus & Demokratie, Bd. 11. Köln, S. 146–166.

Stöss, Richard, 1999: Rechtsextremismus im vereinten Deutschland. Friedrich-Ebert-Stiftung (Hrsg.), Bonn.

Zündstoff 4/2001.

Christoph Seils

Ratlosigkeit, Aktionismus und symbolische Politik

Die Geschichte der NPD-Verbotsdebatte

Anfang August des Jahres 2000 wurde Bundesinnenminister Otto Schily (SPD) vom Nachrichtenmagazin *Der Spiegel* in einem Interview zu den Ursachen der dramatischen Zunahme rechtsextremer Gewalttaten befragt. Schily zeigte sich einigermaßen ratlos. Er sprach von einer „sehr diffusen Szene", von „Einzeltätern" und „Exzesstaten", bei denen sehr häufig Alkohol eine Rolle spiele.

Gegenüber einem NPD-Verbot äußerte er sich skeptisch, „zumal man sich die Frage stellen muss, wie führe ich dann die Auseinandersetzung mit einer solchen Partei, wenn sie in den Untergrund gedrängt wird? Die Gefahr ist groß, dass ich ihre Militanz noch weiter erhöhe" (Der Spiegel 32/2000, S. 28 ff.). In demselben *Spiegel*-Gespräch warnte der Bundesinnenminister: „Es gibt keine schnellen Lösungen und keine simplen Antworten." Wenig später wurde die Bundesregierung in einer kleinen Anfrage der Bundestagsabgeordneten Ulla Jelpke (PDS) gefragt, wie viele von den insgesamt 10 037 rechtsextremen, antisemitischen und ausländerfeindlichen Straftaten im Jahr 1999 nach Kenntnis der Bundesregierung von Mitgliedern der NPD bzw. JN (Junge Nationaldemokraten) begangen worden seien. Im Namen der Bundesregierung antwortete Otto Schily ebenso knapp wie eindeutig: „Hierüber liegen der Bundesregierung keine Erkenntnisse vor" (BT-Drucksache, 8. 9. 2000).

Ein mögliches Verbot der NPD stand nicht auf der politischen Agenda. Weder der Verfassungsschutz noch die Parteien oder die Öffentlichkeit waren auf eine entsprechende Debatte vorbereitet. Nur drei Monate später und nach hektischen politischen Auseinandersetzungen hatten sich der Kenntnisstand der Bundesregierung, die Einschätzungen über die NPD sowie die öffentliche Meinung vollkommen gewandelt. Am 8. November 2000 beschloss das Bundeskabinett, ein Verbot der NPD zu beantragen. Am 30. Januar 2001, dem 68. Jahrestag der Machtübernahme Hitlers, reichte die Bundesregierung den Antrag beim Bundesverfassungsgericht in Karlsruhe ein und forderte, die Nationaldemokratische Partei Deutschlands für verfassungswidrig zu erklären und zusammen mit ihrer Teilorganisation Junge Nationaldemokraten aufzulösen. Die neonazistischen Gruppen seien im Verlauf der letzten Jahre „immer gewalttätiger geworden", heißt es in dem Verbotsantrag der Bundesregierung, „die Nationaldemokratische Partei spielt dabei eine wesentliche Rolle" (Bundesregierung, 29. 1. 2001, S. 4). Bundestag und Bundesrat schlossen sich mit großer Mehrheit in eigenen Anträgen der NPD-Verbots-Forderung an. Nach der schließlich im Januar von Otto Schily geäußerten Ansicht sei der Verbotsantrag „gerade vor dem Hintergrund rechtsextremer Ausschreitungen [...] das rechtlich und politisch gebotene Mittel, um die Prinzipien der wehrhaften Demokratie gegen ihre Feinde durchzusetzen" (BMI, 30. 1. 2001).

Es lohnt also, folgenden Fragen nachzugehen: Was hat den Stimmungsumschwung ausgelöst? Welche Dynamik hat ihn beeinflusst? Wie ist die Verbotsdebatte verlaufen? Welche politischen und rechtlichen Argumente standen dabei im Mittelpunkt? Wie haben die politischen Akteure dabei agiert? Wie ist es also gelungen, nicht nur die drei Verfassungsorgane Bundesregierung, Bundesrat und Bundestag für das NPD-Verbot zu gewinnen, sondern auch in der Öffentlichkeit breite Zustimmung zu finden?[1]

Beginn der Verbotsdebatte

Ein Verbot der NPD haben in den letzten Jahren im Zusammenhang mit der steigenden Zahl rechtsextremer Gewalttaten sowie angesichts der Entwicklung der NPD zu einem Sammelbecken für neonazistische Skinheads und gewaltbereite rechte Jugendliche schon viele Politiker und Verfassungsschützer gefordert: Im August 1998 sprach sich beispielsweise der damalige Verfassungsschutzchef von Brandenburg, Hans-Jürgen Förster, dafür aus (vgl. Der Spiegel, 32/1998), oder im April 2000 der thüringische Innenminister Christian Köckert (CDU) (vgl. taz, 26. 4. 2000). Politische oder gesellschaftliche Debatten konnten solche Forderungen nicht auslösen. Im Gegenteil, das Bundesinnenministerium widersprach im April der Forderung Köckerts: Es gebe derzeit keine Überlegungen zum Verbot rechtsextremer Parteien, hieß es. Der Sprecher des Ministeriums, Rainer Lingenthal, warnte gar vor „Schnellschüssen und unbedachten Forderungen". Der jüngste Verfassungsschutzbericht weise vielmehr eine erhöhte Bedrohungslage außerhalb rechtsextremistischer Parteien aus. Darauf müsse die Aufmerksamkeit auch gelenkt werden (vgl. Berliner Zeitung, 26. 4. 2000).

---

[1] Wenn in diesem Aufsatz über die NPD und ihre Entwicklung gesprochen wird, handelt es sich nur um die öffentliche Wahrnehmung der Partei und den gesellschaftlichen Diskurs um sie. Es wird weder die tatsächliche Entwicklung der NPD in den neunziger Jahren dargestellt, noch findet eine demokratietheoretische oder verfassungsrechtliche Würdigung eines möglichen NPD-Verbots statt. Auch eine umfassende Diskussion möglicher Folgen eines Verbots leistet dieser Beitrag nicht.

Die Reaktionen waren hingegen vollkommen anders, als der bayerische Innenminister Günter Beckstein (CSU) am 1. August nach einer Kabinettssitzung der Landesregierung in München vor die Presse trat und die Bundesregierung aufforderte, beim Bundesverfassungsgericht einen Antrag auf Verbot der NPD zu stellen.

Die rechtsextreme NPD spiele eine „zentrale Rolle im gewaltbereiten Rechtsextremismus in Deutschland", erklärte Beckstein. Die NPD habe sich „in den letzten Jahren massiv gewandelt", „militante Skinheads und Neonazis haben in den letzten Jahren verstärkt ihre politische Heimat in der NPD gefunden. Nach dem Verbot neonazistischer Organisationen Anfang der neunziger Jahre haben sich führende Vertreter dieser Organisationen der NPD und der JN angeschlossen", „die NPD vertritt zunehmend neonazistisches Gedankengut und verlangt offen die Beseitigung der – wie sie abfällig sagt – ‚Demokratur'" (vgl. Staatsministerium des Inneren der bayerischen Staatsregierung, 3. 8. 2000). Die politische und gesellschaftliche Debatte war eröffnet.

Sicher ist das Wort des bayerischen Innenministers in politischen Auseinandersetzungen gewichtiger als das des thüringischen. Jedoch hätte dies allein nicht ausgereicht, eine solche Debatte loszutreten. Die Politik stand im Sommer 2000 unter einem enormen Handlungsdruck. Erstens war die Zahl rechtsextremer Straf- und Gewalttaten dramatisch angestiegen.[2] Darüber hinaus hatten

---

[2] Die Zahl der vom polizeilichen Staatsschutz registrierten rechtsextremen, fremdenfeindlichen und antisemitischen Straf- und Gewalttaten betrug im Jahr 2000 insgesamt 15 951. Gegenüber dem Vorjahr entspricht dies einem Anstieg um 58,9 Prozent. Vor allem im August 2000 stieg die Zahl dramatisch an. Im Juni 2000 waren 1039 rechtsextreme, fremdenfeindliche und antisemitische Straf- und Gewalttaten zu registrieren, im Juli 1092. Im August 2000 waren es mit 2476 Straftaten mehr als doppelt so viele (BMI, 2. 3. 2001).

mehrere Anschläge mit erwiesenem oder möglichem rechtsextremen Hintergrund Schlagzeilen gemacht. Am 14. Juni 2000 beispielsweise hatten drei Jugendliche im sachsen-anhaltischen Dessau einen Moçambikaner brutal erschlagen. Am 15. Juli verübten rechtsextreme Jugendliche im rheinland-pfälzischen Ludwigshafen einen Brandanschlag auf ein Asylbewerberheim. Dann folgte in Düsseldorf ein Rohrbomben-Anschlag von bis heute unbekannten Tätern auf eine Gruppe jüdischer Emigranten aus Russland, bei dem in der öffentlichen Debatte – ohne dass dafür Indizien vorlagen – sofort ein rechtsextremer Hintergrund unterstellt wurde.

Hinzu kam, dass die NPD in den Jahren 1999 und 2000 den Schwerpunkt ihrer politischen Arbeit nach Berlin verlagerte und Anfang 2000 die Bundesgeschäftsstelle der Partei von Stuttgart nach Berlin-Köpenick verlegte. Mehrfach hatte die Partei in der ersten Jahreshälfte 2000 zu Demonstrationen im Zentrum Berlins aufgerufen. Am 29. Januar 2000 gelang es ihr, eine Demonstration mit etwa 500 Teilnehmern durch das Brandenburger Tor zu leiten. Die Bilder der Demonstranten mit ihren Fahnen und Symbolen sowie ihren Parolen „Wir sind wieder da" oder „Hier marschiert der Nationale Widerstand" machten weltweit Schlagzeilen. Sie lösten eine intensive politische Debatte über die Änderung des Demonstrationsrechtes aus, um künftig solche Aufmärsche am Brandenburger Tor oder vor anderen nationalen Symbolen verhindern zu können. Ausgelöst durch diese Bilder fürchteten Politiker vor allem einen Ansehensverlust im Ausland sowie Imageprobleme mit wirtschaftlichen Folgen. Nicht nur bei der Bekämpfung des Rechtsextremismus, sondern auch gegenüber der NPD hatte sich die Politik schon unter Handlungsdruck gesetzt, bevor über ein Verbot der Partei diskutiert wurde.

Exkurs: Die verfassungsrechtlichen Voraussetzungen für Parteienverbote

Die Debatte um das NPD-Verbot ist nicht zu verstehen ohne Betrachtung der verfassungsrechtlichen Voraussetzungen sowie der Bedingungen und Auflagen, die das Bundesverfassungsgericht in seinen zwei bisherigen Entscheidungen dafür definiert hat. Sie sollen deshalb hier kurz dargelegt werden. Denn die Richter werden sich bei den Verhandlung über ein Verbot der NPD auf diese Urteile beziehen müssen.

Das Grundgesetz stellt die Parteien nach Artikel 21 unter besonderen Schutz.[3] Über die Frage, ob eine Partei verfassungsfeindliche Ziele verfolgt und somit verboten werden muss, entscheidet nämlich nicht die Regierung, sondern auf Antrag der Bundesregierung, des Bundestages oder des Bundesrates allein das Bundesverfassungsgericht. Dieses „Parteienprivileg" soll verhindern, dass politische Konkurrenten, kritische, unbequeme oder missliebige Parteien von der Exekutive nach eigenem Ermessen oder gar willkürlich ausgeschaltet werden können. In der Geschichte der Bundesrepublik sind bislang zwei Parteien für verfassungswidrig erklärt und verboten worden: 1952 verbot das Bundesverfassungsgericht die Sozialistische Reichspartei (SRP)

---

[3] Artikel 21 GG im Wortlaut: „1. Die Parteien wirken bei der politischen Willensbildung des Volkes mit. Ihre Gründung ist frei. Ihre innere Ordnung muss demokratischen Grundsätzen entsprechen. Sie müssen über die Herkunft und Verwendung ihrer Mittel sowie über ihr Vermögen öffentlich Rechenschaft geben. 2. Parteien, die nach ihren Zielen oder nach dem Verhalten ihrer Anhänger darauf ausgehen, die freiheitliche demokratische Grundordnung zu beeinträchtigen oder zu beseitigen oder den Bestand der Bundesrepublik Deutschland zu gefährden, sind verfassungswidrig. Über die Frage der Verfassungswidrigkeit entscheidet das Bundesverfassungsgericht. 3. Das Nähere regeln Bundesgesetze."

wegen ihrer Wesensverwandtschaft mit der nationalsozialistischen NSDAP. 1956 wurde die KPD vom Verfassungsgericht als verfassungswidrig eingestuft und verboten, weil sie nach Überzeugung des Gerichts aggressiv kämpferisch die freiheitliche demokratische Grundordnung bekämpfte und beseitigen wollte. In der Verhandlung gegen die SRP vor dem Bundesverfassungsgericht und in dem Urteil vom 23. 10. 1952 arbeiteten die Verfassungsrichter die personellen und inhaltlichen Verbindungen zur NSDAP genau heraus. Ihr Aufbau, ihr Auftreten und ihr Programm ähnele der Hitler-Partei. In der Begründung des SRP-Verbots stellte das Bundesverfassungsgericht unter anderem fest, dass die SRP „wesentliche Menschenrechte" missachte und ihre Organisation „von oben nach unten im Geiste des Führerprinzips aufgebaut" (BverfG, 1 BvB V 51) sei. Vor allem aber wurde das Verbot mit der Wesensverwandtschaft der SRP zur NSDPD begründet:

„Die SRP ist in ihrem Programm, ihrer Vorstellungswelt und ihrem Gesamtstil der früheren NSDAP wesensverwandt. Das Programm enthält die gleichen verwaschenen Versprechungen und vermeidet ein Bekenntnis zur Demokratie. In ihrer Vorstellungswelt, wie sie sich aus Äußerungen führender Funktionäre erkennen läßt, kehren der verstiegen mythisierte Reichsgedanke, das überhebliche Sendungsbewußtsein und das Ziel wieder, einen ‚Großraum' unter deutscher Hegemonie zu schaffen. Der Gesamtstil zeigt im Großen und bis ins Kleinste, ja sogar physiognomische Züge, Übereinstimmungen mit dem der NSDAP. Dies erweist sich vornehmlich im Auftreten von Nebenorganisationen, in System und Mitteln der Propaganda, im Kult mit sogenannten Blutzeugen, in der Wiederbelebung der Dolchstoßlüge, in der Vergiftung des politischen Lebens durch systematische Herabsetzung der Regierungsorgane und ihrer Träger, in der selbstgefälligen Übernahme der Rolle des Staatsfeindes, in der Mißachtung der staatlichen Symbole und schließlich der staatlichen Rechtsordnung überhaupt.

Daß die SRP sich selbst als Nachfolgeorganisation der NSDAP fühlt, zeigt sich in der personellen Zusammensetzung der Führungsschicht, die überwiegend aus ehemaligen Nationalsozialisten besteht, in der Bemühung der Partei, frühere Nationalsozialisten als Parteimitglieder zu gewinnen – nicht obwohl, sondern weil sie Nationalsozialisten waren – und in der unverhohlenen Glorifizierung Hitlers" (BverfG, 1 BvB V51).

Bei der KPD tat sich das Bundesverfassungsgericht schon wesentlich schwerer, ohne starken politischen Druck in der Zeit des Kalten Krieges wäre die KPD möglicherweise nicht verboten worden. Dafür formulierten die Verfassungsrichter in ihrem KPD-Urteil strengere und grundsätzliche Voraussetzungen für ein Parteienverbot. Das Bundesverfassungsgericht legte fest, dass für ein Verbot nicht die proklamierten Ziele ausschlaggebend seien. Somit reicht es für ein Verbot nicht aus, dass eine Partei die obersten Prinzipien der freiheitlichen demokratischen Grundordnung nicht anerkennt. Vielmehr kommt es auf die Handlungen und Verhaltensweisen der Mitglieder und Anhänger an. Im Urteil heißt es dazu:

„Eine Partei ist nicht schon dann verfassungswidrig, wenn sie die obersten Prinzipien einer freiheitlichen demokratischen Grundordnung (vgl. BverfG 2, 1, S. 12 f.) nicht anerkennt; es muß vielmehr eine aktiv kämpferische, aggressive Haltung gegenüber der bestehenden Ordnung hinzukommen" (BverfGE 5). Dieses sahen die Richter bei der KPD als gegeben an. Sie warfen der Partei vor, dass sie sich offen zur proletarischen Revolution sowie zur Diktatur des Proletariats bekenne und den „nationalen Befreiungskampf" propagiere, begrüße und befördere. „Strategisches Ziel" sei es, das „Adenauer-Regime" zu stürzen und eine „Wiedervereinigung im Sinne der KPD" anzustreben. Dies alles sei „unvereinbar mit den Grundwerten der freiheitlichen demokratischen Grundordnung" (ebenda).

Es scheint zweifelhaft, dass sich das Bundesverfassungsgericht heute tatsächlich an den Urteilen von 1952 und 1956 wird orientieren können. Der historische Kontext ist mittlerweile völlig anders. Bei der SRP und der KPD handelte es sich um starke und einflussreiche Parteien, von denen sich die noch junge bundesdeutsche Demokratie tatsächlich bedroht fühlte. Die Kontinuitäten zwischen der SRP, die bei den Landtagswahlen 1951 in Niedersachsen 11,0 Prozent erzielte, und der NSDAP waren zudem evident. Der KPD gelang zwar 1953 mit nur noch 2,2 Prozent nicht mehr der Einzug in den deutschen Bundestag, politisch war sie längst entscheidend geschwächt, auch wenn sie noch etwa 70 000 Mitglieder hatte. In Karlsruhe wurde 1956 in der Hochzeit des Kalten Krieges nicht nur über die KPD, sondern auch über die Staatsdoktrin der DDR zu Gericht gesessen.

Obwohl seit den beiden Urteilen über vier Jahrzehnte vergangen sind, haben sich Bundesregierung, Bundestag und Bundesrat in ihren Verbotsanträgen (s. u.) an den beiden vorliegenden Urteilen des Bundesverfassungsgerichtes orientiert. Es ist aber davon auszugehen, dass das Bundesverfassungsgericht bei der Beratung über das NPD-Verbot verfassungsrechtliches Neuland betreten muss. Anders als in den fünfziger Jahren ist die bundesdeutsche Demokratie mittlerweile gefestigt, eine konkrete, den Staat oder seine freiheitliche Gesellschaft bedrohende politische Kraft oder eine äußere Bedrohung gibt es nicht. Die politischen und zivilgesellschaftlichen Abwehrkräfte sind mittlerweile wesentlich stärker ausgeprägt. Anders als bei SRP und KPD handelt es sich bei der NPD um eine kleine, zerstrittene neonazistische Splitterpartei mit nur etwa 6500 Mitgliedern ohne größere Resonanz bei Wahlen. Bei den Bundestagswahlen 1998 erzielte die Partei nur 126 428 Stimmen oder 0,3 Prozent.

Verlauf der Verbotsdebatte

Wie nicht anders zu erwarten, waren die politischen Reaktionen auf den Vorstoß von Günter Beckstein zunächst äußerst kontrovers, aber überwiegend skeptisch und ablehnend. So schlossen sich beispielsweise die sozialdemokratischen Ministerpräsidenten von Niedersachsen, Brandenburg und Sachsen-Anhalt, Sigmar Gabriel, Manfred Stolpe (vgl. taz, 4. 8. 2000) und Reinhard Höppner sowie der grüne Umweltminister Jürgen Trittin (vgl. SZ, 3. 8. 2000) der Forderung des bayerischen Innenministers an. Reinhard Höppner erklärte, es sei richtig, ohne Wenn und Aber gegen Rechtsextreme vorzugehen. Sachsen-Anhalts Innenminister Manfred Püchel gab sich hingegen skeptischer. Ein Verbot sei zwar sinnvoll, er habe aber Zweifel, ob der Antrag zum Erfolg führe. Eine Initiative des Bundesrats werde Sachsen-Anhalt nur dann mittragen, wenn sie juristisch wasserdicht sei und mit hoher Wahrscheinlichkeit zu einem Verbot führe (vgl. Reuters, 3. 8. 2000). Dagegen hielt es der nordrhein-westfälische Innenminister Fritz Behrends in einem Zeitungsinterview „aus Gründen der politischen Opportunität für zweifelhaft, ob Verbote im Kampf gegen den Rechtsextremismus das richtige Mittel sind. In Nordrhein-Westfalen haben wir die Erfahrung gemacht, dass nach dem Verbot der Freiheitlichen Deutschen Arbeiterpartei (FAP) die gewalttätigen Rechtsextremisten in den Untergrund oder in diffusen Gruppen abgetaucht sind und sich dadurch von den Sicherheitsorganen viel schwerer überwachen ließen" (SZ, 3. 8. 2000).

In einem Rundfunkinterview beim WDR fügte er hinzu: Ein Verbot „hilft nichts, das schadet eher" (Berliner Zeitung, 3. 8. 2000). Die damalige Sprecherin von Bündnis 90/ Die Grünen, Renate Künast, nannte die Forderung „juristisch unsinnig" (SZ, 3. 8. 2000), sie komme „einem Alibi gleich und geht am Kern des Problems vorbei. Rechte Gewalt und rechtsradikales Gedankengut werden sich auf diese Weise nicht einschränken lassen" (FAZ, 3. 8. 2000).

Brandenburgs Innenminister Jörg Schönbohm bezeichnete den Beckstein-Vorstoß gar als „puren Dilettantismus". In Brandenburg lägen keine Erkenntnisse vor, die für den Erfolg eines solchen Verfahrens sprächen (vgl. Tagesspiegel, 5. 8. 2000). Regierungssprecher Uwe-Karsten Heye erklärte, die Bundesregierung erwäge derzeit nicht, beim Bundesverfassungsgericht einen Antrag auf Verbot der NPD zu stellen (vgl. SZ, 5. 8. 2000). Bundeskanzler Gerhard Schröder und sein Kabinett hätten Zweifel, „ob das jetzt die richtige Antwort ist" (FR, 3. 8. 2000). Man werde weiter sorgfältig prüfen, ob sich gerichtsfeste Anhaltspunkte für die Verfassungswidrigkeit der NPD ergäben. Das vorliegende Material sei aber „noch nicht ausreichend für einen Verbotsantrag" (FR, 3. 8. 2000). Nach den ersten Reaktionen auf den Vorstoß von Günter Beckstein sah es somit keinesfalls danach aus, als habe die Forderung nach einem NPD-Verbot tatsächlich Aussicht auf Erfolg. Dagegen sprach einiges für ein taktisches Manöver des CSU-Politikers, um den politischen Gegner vorzuführen.

Die Bundesregierung hatte die Bekämpfung des Rechtsextremismus im Sommer 2000 zu einem Schwerpunkt ihrer Arbeit gemacht, Aktionspläne wurden verabschiedet, der „Aufstand der Anständigen" ausgerufen. Vor allem aber die Bündnisgrünen forderten Polizei und Justiz auf, sich stärker der Bekämpfung des Rechtsextremismus zuzuwenden, und sie sahen in dem Thema die Chance zur politischen Profilierung gegenüber der Opposition. Die Sprecherin des Bundesvorstandes der Grünen, Renate Künast, etwa hatte erklärt, der Kampf gegen Rechts werde für die Grünen genauso ein Schwerpunkt wie die Atompolitik (taz, 1. 8. 2000). Mit der Forderung nach einem NPD-Verbot gelang es Günter Beckstein, das Thema Bekämpfung des Rechtsextremismus aus konservativer Sicht zu besetzen, die Bundesregierung beim Kampf gegen Rechtsextremismus in die Defensive zu drängen und unter neuen Handlungsdruck zu setzen. Der CSU-Politiker hatte eine Debatte angestoßen, die zum Selbstläufer symbolischer Politik wurde.

Angesichts der Welle rechtsextremer Straf- und Gewalttaten wollte sich kein Politiker nachsagen lassen, er tue nicht genügend im Kampf gegen den Rechtsextremismus. Also wurde diskutiert, geprüft und Material gesichtet, eine Bund-Länder-Arbeitsgruppe eingesetzt. Und anders als unter den Politikern fand sich in Umfragen schnell eine Mehrheit für ein Verbot NPD. In einer Meinungsumfrage des Magazins *Focus* befürworteten bereits Mitte August 67 Prozent der Bevölkerung ein Verbot (vgl. dpa, 12. 8. 2000).

Im August 2000 schloss sich auch Bundeskanzler Gerhard Schröder der Forderung nach einem NPD-Verbot an (Bild am Sonntag, 20. 8. 2000). Er plädierte für einen gemeinsamen Verbotsantrag von Bundestag und Bundesrat, wenn die Bund-Länder-Arbeitsgruppe sich dafür aussprechen sollte. Damit würde ein deutliches Signal gesetzt, das auch beim Bundesverfassungsgericht Eindruck machen könne. Der Kanzler bezeichnete ein NPD-Verbot als ein „Stück politischer Hygiene. [...] Wenn die Bund-Länderarbeitsgruppe zu einem solchen Ergebnis kommt, dann soll man das machen" (Bild am Sonntag, 20. 8. 2000).

Über den Verbotsantrag war also eine Vorentscheidung gefallen, Fragen nach dem Sinn und der Effektivität eines NPD-Verbots, nach verfassungsrechtlichen Fragen, Debatten über die demokratischen Grenzen einer Repressionspolitik oder demokratietheoretische Fragen waren fast vollständig aus dem Zentrum der politischen Auseinandersetzung zurückgedrängt worden. Im

Mittelpunkt stand nun vielmehr die Frage, ob sich genügend Material finden ließe, mit dem das von der Politik erwogene Verbot der NPD begründet und vor dem Bundesverfassungsgericht durchgesetzt werden kann. Aus diesem Grund übersandte das Bundesinnenministerium den Bundesländern einen „Prüfkatalog für einen eventuellen Antrag auf Feststellung der Verfassungswidrigkeit der NPD vor dem Bundesverfassungsgericht". Das Bundesamt für Verfassungsschutz sowie die Landesämter für Verfassungsschutz wurden beauftragt, belastendes Material zusammenzutragen.

Darüber berichtete *Der Spiegel* wie folgt:

„Anhand des Prüfungsrasters sollen die Länder belastendes Material über die NPD zusammenstellen. So sollen ‚antisemitische, rassistische oder fremdenfeindliche Äußerungen' von NPD-Funktionären zusammengetragen und die ‚Zusammenarbeit mit Skins und anderen militanten Rechtsextremen' nachgewiesen werden. Gesucht werden auch ‚Belege für Zusammenhänge zwischen Gewalttaten und Programmatik der NPD'. Außerdem sollen Informationen über einzelne NPD-Funktionäre gesammelt werden, gegen die Ermittlungsverfahren eingeleitet wurden. Auch ‚Funktionäre, die zuvor schon Karriere in verbotenen Neonazi-Organisationen' machten und Informationen, wie sich die NPD ihr Geld verschafft, sollen dem Ministerium gemeldet werden. Außerdem soll die Frage, ob die ‚innere Ordnung der NPD tatsächlich demokratischen Grundsätzen' entspricht, juristisch relevant sein. Darüber hinaus erbittet das Ministerium eine Prognose über das künftige ‚gesellschaftliche und politische Gewicht der NPD'" (Der Spiegel, 36/2000).

Die breite politische und gesellschaftliche Debatte war beendet, jetzt oblag es den Verfassungsschützern, Material zu sammeln bzw. zusammenzustellen. Zwar war die Forderung nach einem NPD-Verbot auch unter den Landesämtern für Verfassungsschutz umstritten, aber der Präsident des Bundesamtes für Verfassungsschutz, Heinz Fromm, ließ keinen Zweifel daran, dass seine Behörde sich an den Vorgaben der Politik orientiert: „Es ist nicht die Aufgabe des Verfassungsschutzes, sich in die politische Diskussion einzumischen. Wir liefern die Erkenntnisse, auf deren Grundlage die Politik über den Verbotsantrag entscheidet" (Die Welt, 20. 10. 2000). Fromm sprach von einer „politischen Entscheidung" (Berliner Zeitung, 4. 8. 2000), der Sprecher des Bundesamtes für Verfassungsschutzes, Hans-Gert Lange, formulierte es noch deutlicher: „Wir liefern die Fakten, alles andere überlassen wir der Politik" (Berliner Zeitung, 7. 10. 2000).

Ein insgesamt 560 Seiten starkes geheimes Dossier wurde zusammengestellt, von dem allerdings nur eine 74-seitige Zusammenfassung an die Öffentlichkeit gelangte. Am 26. Oktober meldeten die Länderinnenminister Vollzug und befürworteten mit großer Mehrheit den Gang nach Karlsruhe. Die Bundesregierung beschloss am 9. November 2000, das Verbot der NPD vor dem Bundesverfassungsgericht zu beantragen. Im Bundesrat stimmten zwei Tage später die Bundesländer mehrheitlich einem Verbotsantrag zu. Lediglich die Länder Hessen, Saarland, Rheinland-Pfalz, Baden-Württemberg und Berlin enthielten sich. Am 26. Oktober 2000 verabschiedete die Innenministerkonferenz eine Erklärung:

„Angesichts der erschreckenden Straf- und Gewalttaten der letzten Monate von Rechtsextremisten halten es die Innenminister für geboten, ein unmissverständliches Zeichen zu setzen, dass solche Entwicklungen von der großen Mehrheit der Bevölkerung nicht hingenommen werden. Die NPD als aggressivste der rechtsextremistisch geprägten Parteien fördert ein Klima, in dem solche Taten entstehen. Ihre antisemitische, fremdenfeindliche und rassistische Zielrichtung wird z. B. in Zitaten aus NPD-Publikationen deutlich. [...] Darüber hinaus schrecken Mitglieder und

Anhänger zur Durchsetzung ihrer politischen Ziele auch vor Gewalt nicht zurück. [...]

Spätestens seit der Übernahme des Parteivorsitzes durch Udo Voigt 1996 kooperiert die NPD immer offener mit der gewaltbereiten Neonazi- und Skinheadszene. Ein nahezu arbeitsteiliges Miteinander bestand in jüngster Zeit darin, dass die NPD als Anmelderin von Demonstrationen und Kundgebungen auftrat, während junge Skins und Neonazis das aggressive Bild auf der Straße dominierten. Außerdem erhielten in den letzten Jahren führende Neonazis zunehmend Rederecht auf Kundgebungen der NPD. In ihren Publikationen und Äußerungen führender Funktionäre dokumentiert die NPD außerdem eine Wesensverwandtschaft mit dem Nationalsozialismus und der NSDAP. [...]

Als erwünschter Nebeneffekt eines Verbots wäre es der NPD auch nicht mehr möglich, regelmäßig öffentlich – mit von großen Bevölkerungsteilen als bedrohlich empfundenen – Demonstrationen mit Neonazis und Skins in Erscheinung zu treten. Außerdem kann das Parteivermögen beschlagnahmt werden, und die NPD verliert den Anspruch auf die staatliche Parteienteilfinanzierung. Immerhin hat mit der NPD eine Partei, die das ‚System Bundesrepublik' überwinden will, im Jahr 1998 578 000.– Mark, im Jahr 1999 sogar 1,16 Millionen Mark aus der staatlichen Parteienteilfinanzierung erhalten" (dpa 0319, 26. 10. 2000).

Bundesinnenminister Otto Schily begründete dies wie folgt: „Die Feststellung der Verfassungswidrigkeit der NPD ist erforderlich, um die verfassungsfeindliche Agitation der NPD und ihr Eintreten für eine totalitäre Staats- und Gesellschaftsordnung zu beenden und ihr die Möglichkeit zu nehmen, als politische Partei mit den damit verbundenen Rechten aufzutreten. Die NPD hat sich die Beseitigung der freiheitlichen demokratischen Grundordnung auf aktiv kämpferische, aggressive Weise zum Ziel gesetzt. Sie will die Organisationsform der politischen

Partei für die Unterwanderung der parlamentarischen Demokratie nutzen und an deren Stelle eine autoritäre und totalitäre Gesellschaftsordnung errichten, in der die Grund- und Menschenrechte missachtet werden. Mit rassistischer, insbesondere antisemitischer und friedensfeindlicher Agitation sowie der Wiederbelebung nationalsozialistischen Gedankenguts beschädigt die NPD das Ansehen Deutschlands in der Welt. Ihr Treiben als Sammelbecken von Rechtsextremisten darf keinen Tag länger als unbedingt nötig hingenommen werden. [...]

Es wird nachgewiesen, dass die NPD über ein an die Machtergreifungsstrategie der Nationalsozialisten angelehntes, umfassendes politisches Konzept verfügt und dies verfolgt mit

– totalitärer, antisemitischer und rassistischer Agitation, ‚Kader'-Schulung und Netzwerkbildung,
– emotionaler Indoktrination insbesondere Jugendlicher,
– Zusammenwirken mit Neonazis und Skinheads,
– Bedrohung und Einschüchterung politischer Gegner und von Fremden (‚National befreite Zonen', ‚Angsträume')."

(BMI 1999, S. 216)

Die politische Auseinandersetzung mit der NPD hatte eine neue Dynamik bekommen und einen neuen Fokus. Mit dem Entschluss, Material zusammenzustellen, das ein NPD-Verbot begründen könnte, setzten sich die Politiker neuen Handlungszwängen aus. Stand die öffentliche Debatte zunächst unter dem Eindruck der Sorge, das Bundesverfassungsgericht könnte einen Verbotsantrag zurückweisen und der NPD zu einem Persilschein verhelfen, war die Mehrzahl der Politiker nun von einer anderen Sorge getrieben, dass nämlich schon der Verzicht auf einen Verbotsantrag von der NPD propagandistisch ausgeschlachtet und gefeiert würde. Der sachsen-anhaltische Innenminister Manfred Püchel räumte ein, wie sehr die Politik in ihren Entscheidungen von der Diskussion um ein NPD-Verbot selbst beeinflusst wurde:

„Im übrigen, was wäre denn die Alternative? Verzichten wir auf einen Verbotsantrag, bedeutet dieses – nachdem die Diskussion soweit fortgeschritten ist – auch die Anerkennung der Verfassungskonformität der NPD" (Ministerium des Inneren des Landes Sachsen-Anhalt, 10. 11. 2000).

Exkurs: Die Rolle des Verfassungsschutzes

Auch wenn sich die Verfassungsschützer in der Frage des NPD-Verbots als Dienstleister der Politik verstehen, lohnt es sich, der Frage nachzugehen, wie in Verfassungsschutzkreisen über ein NPD-Verbot diskutiert wurde. Schließlich erschöpft sich die selbsterklärte Aufgabe des Verfassungsschutzes nicht in einer „intensiven Aufklärung der Bürger über Art und Umfang der Gefahren, die durch den politischen Extremismus drohen" (BMI 1999, S. 216), sondern dieser will durch seine Arbeit auch zur „geistigen-politischen Auseinandersetzung" mit Gewalt, Intoleranz und Extremismus beitragen.

Im Bericht des Bundesamtes für Verfassungsschutz aus dem Jahr 1999 heißt es über die NPD unter anderem, sie wolle „auf den Trümmern des Liberalkapitalismus ein neues Deutschland errichten" (BMI 1999, S. 216), erstrebe eine „neue Ordnung mit ihrem vom Nationalsozialismus entliehenen kollektivistischen Modell der Volksgemeinschaft" (ebenda). Von einer „themen- und aktionsbezogenen Zusammenarbeit mit Neonazis" ist die Rede, und es lasse sich bei gemeinsamen Demonstrationen von NPD und Neonazigruppen „nach dem äußeren Erscheinungsbild und Auftreten [...] kaum noch eine Unterscheidung treffen, wer wen instrumentalisiert" (ebenda).

Allerdings berichtet der Verfassungsschutz weder von einer Wesensverwandtschaft mit der NSDAP oder einer aktiv kämpferischen, aggressiven Haltung gegenüber der bestehenden Ordnung, wie sie Voraussetzungen für ein Verbot wären. Über die Beteiligung von NPD-Mitgliedern an rechtsextremen Straftaten gibt es keine Angaben. Dass die NPD die Schaltzentrale der rechtsextremen Gewalt wäre, auch davon ist im Verfassungsschutzbericht 1999 nicht die Rede. Noch im August 2000 berichtete die *Süddeutsche Zeitung* über einen Wochenbericht des Bundesamtes für Verfassungsschutz, in dem die Einschätzung geäußert wird, die Parteiführung der NPD habe sich in der Vergangenheit regelmäßig und glaubhaft von Gewalttätern distanziert (vgl. SZ, 11. 8. 2000).[4]

Das war anders, als der Verfassungsschutz im Oktober den Innenministern des Bundes und der Länder seinen geheimen Bericht vorlegte. Allein die veröffentlichte Kurzfassung spricht von „rund 80 Ermittlungsverfahren im Zeitraum 1996–2000 gegen NPD-Mitglieder/Anhänger wegen des Verdachts der Begehung von Straftaten" sowie von „mehr als 120 strafrechtlichen Ermittlungsverfahren wegen des Verwendens von NS-Kennzeichen nach § 86 a StGB". Insgesamt gebe es sogar 350 Ermittlungsverfahren.[5] Der Bericht listet zahlreiche Fälle auf, zitiert NPD-Mitglieder, um die Wesensverwandtschaft mit dem Nationalsozialismus zu belegen, und widmet sich ausführlich dem strategischen NPD-

---

4   Im Übrigen sagen diese Berichte des Verfassungsschutzes mehr über die politische Rolle des Verfassungsschutzes und weniger über die tatsächliche Entwicklung der NPD aus. Journalisten, Publizisten und Wissenschaftler hatten lange vor dem Verfassungsschutz auf einen gefährlichen Kurswechsel der NPD aufmerksam gemacht.

5   Nur scheinbar steht dies im Widerspruch zu der in der Einleitung zitierten Äußerung Schilys, es lägen der Bundesregierung „keine Erkenntnisse" über die Beteiligung der NPD an Straftaten vor. Schließlich ist hier von Ermittlungsverfahren die Rede, über deren Ausgang nichts gesagt wird. Unklar bleibt auch, was unter dem Begriff „Anhänger" zu verstehen ist.

Konzept vom „Kampf um die Straße", referiert neben vielen in der Presse erwähnten Fakten auch neue, bislang unbekannte Äußerungen von NPD-Funktionären. Abschließend heißt es nun mit einem ganz anderen Tenor als in den Verfassungsschutzberichten der letzten Jahre, die NPD „verfolgt ihre verfassungsfeindlichen Ziele in aktiv-kämpferischer, aggressiver Weise", sie stelle „eine ernsthafte Gefahr für die Verfassungsordnung dar", einzelne Landesverbände agierten „mit unterschiedlicher Intensität und Militanz. [...] Ein milderes Mittel als ein Verbot steht zur Abwehr der von der NPD ausgehenden Gefahr nicht zur Verfügung" (BMI, 8. 11. 2000).

Es ist mehr als verwunderlich, warum der Verfassungsschutz innerhalb weniger Wochen zahlreiche Fakten für ein NPD-Verbot vorlegen kann, die zuvor nicht thematisiert bzw. nicht in den Verfassungsschutzberichten erwähnt wurden. Es gibt drei Möglichkeiten, diesen bemerkenswerten Erkenntnisgewinn zu erklären. Entweder Bundesregierung und Verfassungsschutz haben ihre Bürger jahrelang über die Gefährlichkeit der NPD im Unklaren gelassen; oder die Vertrauensleute des Verfassungsschutzes in der Szene haben erst im Lichte der aktuellen politischen Debatten ihren Arbeitsauftrag ernst genommen. Als „Frühwarnsystem der Demokratie" (http://www.verfassungsschutz.de/arbeitsfelder/rechts/page.html), als das er sich versteht, hätte der Verfassungsschutz in beiden Fällen versagt.

Vieles spricht allerdings für eine dritte Variante. Es gab beim Verfassungsschutz keine neuen Erkenntnisse, sondern die vorhandenen wurden unter dem Druck der Politik und der öffentlichen Debatte nur anders bewertet und interpretiert bzw. als vermeintlich neue Erkenntnisse öffentlichkeitswirksam präsentiert (vgl. Berliner Zeitung, 7. 10. 2000). Genauso wie unter Politikern war das mögliche NPD-Verbot auch unter Verfassungsschützern umstritten, es wurden immer wieder erhebliche

Zweifel daran geäußert.[6] Die *Bild*-Zeitung berichtet Anfang Oktober von einem internen Lagebericht, der sich skeptisch über ein Verbot äußert. Ende Oktober zitiert die Tageszeitung *Die Welt* einen Geheimbericht des hessischen Landesamtes für Verfassungsschutz, in dem es unter anderem heißt: „Es besteht das nicht geringe Risiko, dass der Antrag auf Verbot der NPD als nicht begründet abgewiesen wird. [...] Das vorhandene Material belegt eindeutig und ausreichend die verfassungsfeindliche Zielsetzung der NPD. [...] Problematisch ist jedoch die Aussagekraft der Beispiele für eine aktive kämpferische aggressive Haltung der NPD" (Die Welt, 26. 10. 2000).

In dem Geheimbericht, dessen Authentizität und Bewertung von Verfassungsschützern im Gespräch mit dem Autor bestätigt wurden, heißt es weiter, die Verfassungsschutzbehörden hätten „lediglich 25 Informationen" (ebenda) gewinnen können, aus denen eine Gewaltbereitschaft der NPD abgeleitet werden könne. Es sei fraglich, „ob die einzelnen gewaltbejahenden Beispiele bei der Entscheidung des BverfG als maßgeblich und mitentscheidend für die Verfassungswidrigkeit gewertet werden" (ebenda).

In allen öffentlichen Stellungnahmen ist von dieser Skepsis nur wenig zu spüren. Alle Stellungnahmen zum Thema NPD-Verbot sind sehr zurückhaltend. So äußerte beispielsweise der Präsident des sächsischen Verfassungsschutzes, Reinhard Boos, die Befürchtung, dass Skinheads und andere militante Rechtsextremisten wieder in ihre Kameradschaftsstrukturen zurückfielen, eine Beobachtung damit schwieriger wäre als unter dem einheitlichen Dach der NPD (vgl. Berliner Morgenpost, 7. 8. 2000). Auch der stellvertretende Verfassungsschutzchef in Sachsen-Anhalt,

---

6 In Gesprächen mit dem Autor formulierten mehrere führende Verfassungsschutzmitarbeiter deutliche Bedenken, zitieren lassen wollten sie sich allerdings nicht.

Werner Sprado, erklärte, im Falle eines Verbots würden „die NPD-Kader neue Strukturen bilden, welche zunächst schwer zu überwachen wären" (Tagesspiegel, 7. 8. 2000). Zu diesem Zeitpunkt allerdings hatten sich die Verfassungsschützer den politischen Vorgaben bereits gebeugt.

Die abschließende Debatte im Bundestag

In allen Parteien, unter den Ministern der Bundesregierung und in den Bundesländern war die Forderung nach einem Verbot der NPD zunächst umstritten. Innerhalb weniger Wochen jedoch gelang es den Parteien, innerparteiliches Einvernehmen zur Frage eines NPD-Verbots herzustellen. Vor allem die Regierungsparteien SPD und Grüne schwenkten um. Am 9. November 2000 schlossen sich im Bundestag die SPD, Bündnis 90/ Die Grünen und die PDS, von einzelnen Enthaltungen abgesehen, der Forderung nach einem NPD-Verbot an.[7] Für die SPD begründete der Bundestagsabgeordnete Michael Bürsch das NPD-Verbot als „ultima ratio", als letzte Möglichkeit müsse der Staat „auch mit dem scharfen Schwert des Parteienverbots" (PlPr 14/141, S. 13 791) konsequent handeln. „Wir müssen als Bundestag ein Signal setzen, dass wir die Herausforderung durch den Rechtsradikalismus ernst nehmen, und zwar nicht durch Aktionismus und Medieninszenierung, sondern unsererseits durch entschlossenes Handeln einer selbstbewussten Demokratie, einer wehrhaften

7 Allein die Tatsache, dass nicht nur die Exekutivorgane Bundesregierung und Bundesrat das Verbot der NPD vor dem Bundesverfassungsgericht beantragten, sondern auch der Bundestag, ist ungewöhnlich. Schließlich ist es, wenn überhaupt, die Aufgabe der staatlichen Exekutivorgane, über die Bedrohung der freiheitlichen Grundordnung zu wachen, und nicht die der Legislative. Die Bundestagsfraktionen vertreten Parteien und betreiben somit als Akteure ein Verbotsverfahren gegen eine konkurrierende Partei.

Demokratie" (ebenda). Der Abgeordnete Cem Özdemir (Bündnis 90/Die Grünen) erklärte schließlich, „die rote Linie" sei dann überschritten, „wenn eine Partei unter dem Deckmantel ihrer verfassungsrechtlichen Stellung und mit dem Geld der Steuerzahlerinnen und Steuerzahler die Infrastruktur für Neonazis bereitstellt" (PlPr 14/141, S. 13 794).

Für CDU und CSU sprach sich der Abgeordnete Wolfgang Bosbach zwar für ein NPD-Verbot aus, er sah es aber als „weder rechtlich geboten noch politisch sinnvoll" (PlPr 14/141, S. 13 793) an, dass sich der Bundestag als Prozesspartei an dem Verbotsverfahren beteiligt. Bosbach verwies noch auf einen anderen Grund: „Allein die Regierungen des Bundes und der Länder kennen das gesamte Tatsachenmaterial, mit dem die Verbotsanträge begründet werden sollen. Sie alleine kennen die Beweise und deren Beweiskraft" (ebenda).

Nur die FDP widersprach „aufgrund sehr grundsätzlicher Überlegungen". Der Bundestagsabgeordnete Guido Westerwelle begründete dies wie folgt: „Ein Verbot wäre im Falle einer tatsächlichen Gefährdung der Demokratie durch eine extremistische Partei das richtige Mittel. [...] Die Wahlergebnisse der NPD zeigen aber, dass diese Gefahr nicht besteht und dass die NPD von allen rechtsextremen Parteien die erfolgloseste ist. [...] Tatsächlich geht es [...] um die Bedrohung von Menschen durch rechtsextremistische Gewalt. Diese Kriminalität muss mit allen Mitteln des Rechtsstaates [...] bekämpft werden. Niemand ist in Deutschland vor strafrechtlicher Verfolgung durch irgendein Parteibuch geschützt" (PlPr 14/141, S. 13 796). Und er fügte hinzu: „Wir glauben, dass das Verbotsverfahren die rechtsradikale Szene am Schluss eher stärken wird, als dass es sie schwächen könnte" (ebenda).

Allerdings zeigte sich, dass sich die Forderung nach einer „wehrhaften Demokratie" durchgesetzt hatte und viele Abgeordnete ihre Bedenken zurückgestellt hatten. Vergleiche mit Ländern wie Dänemark oder den USA, in denen Meinungsfreiheit ein wesentlich höheres Gut ist und sich auch Neonazis darauf berufen, fanden kaum statt. Die Überlegung, dass Parteienverbote dem Geist der freiheitlichen parlamentarischen Demokratie widersprechen, dass eine gefestigte Demokratie die Souveränität haben sollte, auch ihre Gegner an den demokratischen Rechten teilhaben zu lassen, dass eine freiheitliche Gesellschaft auch falsche und dumme Lehren aushalten muss, spielten keine Rolle mehr. Reflexionen über die gesellschaftlichen Ursachen rechtsextremer Gewalt gab es nicht mehr. Alle Zweifel, die Experten geäußert hatten, wurden übergangen. Der starke Staat hatte sich gegenüber dem liberalen Staat, politischen Grund- und Freiheitsrechten behauptet. Lediglich einige wenige Abgeordnete widersprachen in persönlichen Erklärungen der Forderung nach einem Verbot der NPD. So erklärte etwa die Vizepräsidentin des Bundestages, Antje Volmer, sie sehe „den Verbotsantrag als ein Mittel an, das der Bundestag erst dann einsetzen sollte, wenn die demokratische Gesellschaft keine andere Wahl mehr hat" (PlPr 14/141, S. 13 862). Der CDU-Abgeordnete Wolfgang Börnsen erklärte: „Das ist kein Beweis demokratischen Selbstbewusstseins, sondern eher ein Zeichen von mangelndem Mut zu einer offensiven Auseinandersetzung mit einer radikalen Minderheit. [...] Gleichzeitig beschneiden wir das Recht auf freie Meinungsäußerung, ein elementares Grundrecht in einem demokratischen Staat. Vor einer vermeintlichen Droh- und Druckkulisse eines innen- und außenpolitischen Ansehensverlustes unseres Landes weichen wir in der Frage der Meinungsfreiheit zurück, opfern sie ein Stück" (PlPr 14/141, S. 13 861).

Doch solche Argumente fanden kein Gehör mehr. Die Politik war dem enormen Handlungsdruck, den sie selbst erzeugt hatte, erlegen. Wie sehr vor allem die Bundestagsabgeordneten von SPD, Grünen und PDS von dem Wunsch getrieben waren, ein politisches Zeichen im Kampf gegen Rechts zu setzen, zeigen auch zwei problematische Tatsachen. Den Abgeordneten lag zur Abstimmung weder ein ausformulierter Verbotsantrag vor, noch war ihnen ein Großteil der Fakten, die die Verfassungsschützer zusammengetragen hatten, bekannt. Lediglich in der Geheimschutzstelle des Bundestages konnte das 560-seitige Dossier eingesehen werden. Davon machten nur wenige Abgeordnete Gebrauch. Und selbst in der Fassung, die den Abgeordneten dort zur Einsicht zur Verfügung gestellt wurde, fehlten einige besonders heikle Passagen. Das heißt, ein Teil der Fakten und Beweise, auf die sich die Verbotsanträge stützen, war den Abgeordneten überhaupt nicht bekannt (vgl. Der Spiegel, 45/2000).

Die Anträge von Bundesregierung, Bundestag und Bundesrat

Aus der Lektüre der Anträge von Bundesregierung, Bundestag und Bundesrat ist ersichtlich, dass die drei Antragsteller arbeitsteilig vorgingen und sich abgesprochen haben. So erklärt der Hauptberichterstatter des Bundestages, Michael Bürsch: „Durch Koordinierung mit den anderen Verfassungsorganen ist sichergestellt, dass sich die jeweiligen Begründungen und Argumente der Anträge in sinnvoller Weise ergänzen" (BT, 28. 3. 2001). Die Bundesregierung stellt in den Mittelpunkt ihrer Argumentation die Beweismittel, die belegen, dass die Partei „in aktiv kämpferischer, aggressiver Weise darauf ausgeht, die freiheitliche demokratische Grundordnung zu beseitigen" (Bundesregierung, 29. 1. 2001). Ähnlich argumentiert der Bundesrat. Im Mittelpunkt des Antrages des Bundestages hingegen steht die „Wesensverwandtschaft der NPD mit der NSDAP" (BT, 28. 3. 2001).[8] Durch das koordinierte Vorgehen der drei Verfassungsorgane wurde der Druck auf das Bundesverfassungsgericht zusätzlich erhöht.

Die Reaktionen der NPD auf die Verbotsdebatte

Die NPD hatte zunächst nicht damit gerechnet, dass es tatsächlich zu einem Verbotsantrag kommen könnte. Auf die ersten Forderungen des bayerischen Innenministers Beckstein reagierte der NPD-Vorsitzende Udo Voigt gelassen: „Wir sehen diesem Verbot natürlich ganz locker entgegen. Im 36. Jahr der NPD ist dies eine propagandistische Forderung, wie sie viele Innenminister schon mal drauf hatten" (taz, 3. 8. 2000).

Die NPD startete unter dem Motto „Argumente statt Verbote" eine breite öffentliche Kampagne. Doch die Verbotsdebatte erhöhte den Druck auf die Partei, die inneren Widersprüche und Auseinandersetzungen nahmen zunächst weiter zu. Selbst die Spaltung der Partei war nicht ausgeschlossen, vor allem in den Landesverbänden Schleswig-Holstein und Berlin eskalierten die innerparteilichen Konflikte. Zunächst sprach Voigt ein Demonstrationsverbot aus. Offiziell begründete er dies damit, man wolle „eingeschleusten Agenten und Provokateuren" (NPD, 18. 8. 2000) keine Chance geben. Doch in Wirklichkeit ging es darum, mit einem taktischen Rückzug und mehr Distanz zu militanten Kameradschaften den Druck auf die NPD zu mindern. Diese Taktik, durch Wohlverhalten ein Verbot zu vermeiden, war innerhalb der NPD heftig umstritten. Viele Kameraden klagten über Voigts Feigheit und Anpassung. NPD-Mitglieder um den

---

8 Im Gegensatz zur Bundesregierung haben Bundestag und Bundesrat ihre Verbotsanträge bislang nicht veröffentlicht.

ehemaligen sachsen-anhaltischen NPD-Landesvorsitzenden Steffen Hupka gründeten die „Revolutionäre Plattform (RPF)". Sie warfen der Parteiführung „Wankelmütigkeit, Widersprüche und rückschrittliches Denken" vor und wollten ihre Partei auf einen „klaren, radikalen Widerstandskurs" bringen (Die Woche, 1. 9. 2000).

An der Spitze der NPD wurde sogar erwogen, sich von dem radikalen Parteiflügel zu trennen. So forderte etwa Hans Günter Eisenecker, der stellvertretende Parteivorsitzende, den Bruch mit den „NS-Nostalgikern". Diesen sei die „kurzfristige Berauschung" wichtiger als die kontinuierliche politische Arbeit, sie hätten ein „nostalgisch pubertierend romantisches Gehabe", das der Partei schade. Nach Ansicht von Eisenecker müsse sich die NPD von bis zu zehn Prozent ihrer Mitglieder trennen (ebenda).

Selbst NPD-Chef Udo Voigt dachte über Parteiausschlüsse nach: „Von denjenigen, die wir nicht überzeugen, werden wir uns trennen" (ebenda). Gegen Steffen Hupka wurde vom NPD-Vorstand ein Parteiausschlussverfahren eingeleitet, das sich jedoch innerparteilich nicht durchsetzen ließ. Im Gegenteil, die „RPF" mobilisierte zusammen mit neonazistischen Kameradschaften und den so genannten freien Nationalisten ihrerseits NPD-Mitglieder und deren Umfeld. Anfang November 2000 mobilisierte Hupka über 1000 NPD-Mitglieder und Sympathisanten nach Berlin. Der Druck der Basis auf die Parteiführung war groß. Voigt musste das innerparteiliche Demonstrationsverbot wieder aufheben, um zu verhindern, dass er die Kontrolle über die Partei verliert und sich das innerparteiliche Machtgefüge deutlich nach rechts verschiebt. Der Versuch, mit Rücksicht auf das drohende Verbotsverfahren den „Kampf um die Straße" auszusetzen und sich von den militanten neonazistischen Kameradschaften zu trennen, war gescheitert. Seit Ende November führte die NPD wieder Demonstrationen durch. In der Folge allerdings kam es zu neuen heftigen innerparteilichen Auseinandersetzungen, im Zuge derer der NPD-Bundesvorstand zunächst einen Unvereinbarkeitsbeschluss gegenüber der „Revolutionären Plattform" verabschiedete. Dieser wurde später revidiert.

Über den organisatorischen Zustand der NPD gibt es unterschiedliche Meldungen. Die NPD betont, die Zahl der Mitglieder sei seit Beginn der Verbotsdebatte gestiegen. Auch der Verfassungsschutz geht von einem Zuwachs von 500 Mitgliedern auf 6500 aus (BMI 2000). Das scheint aber zweifelhaft, denn in einigen Landesverbänden gibt es heftige Auseinandersetzungen und Richtungskämpfe. So wurde beispielsweise über den Landesverband Schleswig-Holstein zeitweilig der organisatorische Notstand verhängt, ein Landesvorsitzender abgesetzt. In Sachsen, dem mitgliederstärksten Landesverband, ging die Zahl der Mitglieder in den letzten beiden Jahren deutlich zurück. Auch die Resonanz bei den Landtagswahlen im April 2001 war sehr schlecht. In Baden-Württemberg erzielte die Partei 0,2 Prozent, in Rheinland-Pfalz 0,5, sie kam wie auch schon bei den vergangenen Bundestagswahlen nicht über den Promillebereich hinaus. Bei den Kommunalwahlen in Hessen im März stürzte die Partei von 0,6 auf 0,2 Prozent ab, und selbst in ihren Hochburgen schnitt sie schlecht ab. In Ehringshausen verlor sie zehn Prozentpunkte und sank von 22,9 auf 12,9 Prozent ab.

Gleichzeitig hat die NPD finanzielle Schwierigkeiten. Sie hat offenbar einige Mühe, das Verbotsverfahren zu finanzieren. Von einem Defizit in Höhe von 400 000.– DM war im November 2000 parteiintern die Rede. Parteichef Voigt räumt ein, dass 250 000.– DM durch den Haushalt der Partei nicht gedeckt seien (Berliner Zeitung, 25. 11. 2000).

Das drohende Verbot der NPD hat erheblichen Einfluss auf die Entwicklung der rechtsextremen und neonazistischen Szene insgesamt. Die Szene organisiert sich um und bereitet sich auf ein Verbot der NPD vor. Eine Solidaritätskampagne der NPD fand nur im unmittelbaren Umfeld der Partei Resonanz. Dagegen rückten gemäßigtere rechtsextreme Organisationen und Persönlichkeiten weitgehend von der NPD ab, um nicht selbst in den Strudel der Verbotsdiskussionen zu geraten. Die Republikaner und die DVU schlossen sich gar der Forderung nach einem Verbot der NPD an.

Auf die Debatte über ein NPD-Verbot reagierte auch die neonazistische Kameradschaftsszene rechts von der NPD sehr schnell. Bereits kurz nach dem Beginn der Verbotsdebatte kursierten unter Neonazis Aufrufe, sich nur noch in klandestinen Kleinstgruppen („drei bis vier Leute genügen") zu organisieren und auf „bombastische Namen" zu verzichten (Die Woche, 1. 2000). Die NPD verlor zunehmend einen Teil ihres Einflusses auf die Szene. Die militanten Kameradschaften und freien Nationalisten sind längst nicht mehr darauf angewiesen, sich bei Demonstrationen hinter der NPD zu verstecken und deren Parteienprivileg zu instrumentalisieren.

Mehrfach gelang es dem Hamburger Neonazi Christian Worch, mit Klagen und Verfassungsbeschwerden eigene Demonstrationen durchzusetzen. Im April 2001 entschied das Bundesverfassungsgericht in einer Eilentscheidung zugunsten des Demonstrationsanmelders. Worch machte deutlich, dass sich Gegner des politischen Systems auf das Demonstrationsrecht berufen dürfen, und stützte sich auf das Bundesverfassungsgericht: „Eine Versammlung kann nicht schon deshalb, weil politisch missliebige Meinungen geäußert werden, wegen Verstoßes gegen die öffentliche Ordnung verboten werden. Art. 5 GG ist auch Maßstab für die Beurteilung von Meinungen, die grundlegenden sozialen und ethischen Anschauungen einer Vielzahl von Menschen widerstreiten" (BverfG, 1 BvQ 19/01).

Christian Worch und seine Anhänger vom so genannten „Nationalen Widerstand" setzen unverhohlen darauf, dass sich im Falle eines NPD-Verbots viele NPD-Mitglieder und Sympathisanten radikalisieren und der militanten Kameradschaftsszene anschließen. In einem internen Strategiepapier rät er seinen militanten Kameraden, dem Verbot der NPD „völlig gelassen" entgegenzusehen, schließlich würde dies „Kräfte freisetzen, die zur Zeit noch in der NPD gebunden sind" (Berliner Zeitung, 25. 11. 2000).[9]

Von einer Schwächung der neonazistischen Szene kann Monate nach dem Beginn der Verbotsdebatte keine Rede sein. Die NPD hat sich weiter nach rechts gewendet, sie ist hin und her gerissen zwischen Radikalisierung und Anpassung, scheint sich aber trotz interner Streitigkeiten wieder stabilisiert zu haben. Ihre Präsenz auf der Straße, die Zahl der neonazistischen Demonstrationen hat nicht abgenommen.

Juristische Reaktionen der NPD auf den Verbotsantrag

Seit Oktober 2000 bereitet sich die NPD intensiv auf das Verbotsverfahren vor. Zum juristischen Vertreter hat die Partei die Rechtsanwälte Horst Mahler[10] und Hans Günter Eisenecker bestimmt. Die NPD hat sich zu einer weitgehend offensiven, politischen und konfrontativen Verteidigungsstrategie entschlos-

---

9   Die Berichterstattung der *Berliner Zeitung* bezieht sich hier auf ein internes Schreiben von Christian Worch aus dem Jahr 2000.
10 Mahler gehörte als Linksterrorist der RAF an und schloss sich Ende der neunziger Jahre der neonazistischen Szene an. Er gründete die Initiative „Ja zu Deutschland – Ja zur NPD" und veröffentlichte antisemitische Schriften. Aus Solidarität mit der vom Verbot bedrohten Partei trat er im Herbst 2000 der NPD bei.

sen, statt vor allem juristisch und verfassungsrechtlich zu argumentieren. Dies geht aus der ersten, 338-seitigen Stellungnahme der NPD für das Bundesverfassungsgericht hervor. So wirft die NPD der Antragstellerin Bundesregierung „Rechtsmissbrauch" vor. Die Bundesregierung missbrauche ihr Antragsrecht, „um die Antragsgegnerin als Konkurrentin der derzeitig im Bundestag vertretenen Parteien auszuschalten" (NPD, 2 BvB 1/01). Sie spricht von „manipulativer Berichterstattung", von einer „Verunglimpfungs- und Repressionsstrategie" und stilisiert sich trotz der Wahlergebnisse im Promillebereich zur machtvollen politischen Konkurrenz, da die NPD die „einzige politische Partei ist, die von der überwiegenden Mehrheit der deutsch-bewussten Jugend akzeptiert und demnächst auch gewählt werden wird" (ebenda).

Weiter heißt es: „Die Auffassung, dass zu viele Fremde im Lande leben, soll den Deutschen nicht gestattet sein. Wer derartige Gedanken äußert, wird als ‚Ausländerfeind', als ‚Rassist' und als ‚Neonazi' stigmatisiert. Steuergelder in 3-stelliger Millionenhöhe werden für ‚Projekte' verausgabt, deren Zweck es ist, den Deutschen diese Einstellung auszutreiben. Da das nicht fruchtet, soll mit dem Verbot der Antragsgegnerin jetzt den Deutschen die Möglichkeit genommen werden, ihren Willen zur Erhaltung von Volk und Heimat politisch zu organisieren" (ebenda). Die NPD will zudem beispielsweise die Altbundeskanzler Helmut Schmidt (SPD) und Helmut Kohl (CDU) als Zeugen laden, um zu beweisen, „dass, was heute als Äußerung ‚fremdenfeindlicher', ‚rassistischer' und ‚neonazistischer' Bestrebungen verfolgt wird, vor ein paar Jahren noch in den Äußerungen der Repräsentanten der Bundesrepublik und führender Politiker der Regierungsparteien gegenwärtig war" (ebenda).

Das Deutsche Volk sei „unter Gedankenaufsicht" gestellt, schreibt die NPD, damit es nicht die Auffassung vertrete, es lebten zu viele Fremde im Lande. Die NPD klagt über „Umerziehung" und „Gehirnwäsche" durch „Feinde der Volkssouveränität", diese seien „objektiv die Gehilfen einer Fremdherrschaft über das deutsche Volk". Letztendlich spricht sie von „einer fortgesetzten Kriegführung gegen das Deutsche Volk" und begründet dies wie folgt:

„Diese resultiert aus der ‚Umerziehung', denen die in den westlichen Besatzungszonen lebenden Deutschen völkerrechtswidrig unterworfen waren und es noch heute sind. [...] Bei diesem Programm handelte es sich keineswegs um einen Aufklärungsfeldzug zur Beseitigung von Irrtümern, die durch die nationalsozialistische Massenbeeinflussung hervorgerufen worden waren, sondern um einen tiefen Eingriff in das Seelenleben der Deutschen mit dem Ziel, diese im Interesse der Siegermächte kulturell umzuschaffen. Zu diesem Zweck wurden aufgrund strategischer Planung die subtilsten Manipulationstechnologien eingesetzt" (ebenda).

Gegenüber den gewaltbereiten Skinheads versteht sich die NPD demnach weniger als Partei denn als Sozialarbeiter. Sie stellt ihr „pädagogisches Verhalten" heraus und gibt sich überzeugt, „dass sich bei vielen dieser Jugendlichen die Protesthaltung im Verlauf der weiteren Persönlichkeitsentwicklung in die Bereitschaft zu politischem Einsatz für das Gemeinwesen verwandeln lässt, wenn die Partei auf diese Jugendlichen zugeht" (ebenda). Gleichzeitig weist sie aber die Verantwortung der Partei für die Beteiligung einzelner Mitglieder an Straftaten zurück und hält es für unmöglich, sich von jedem potenziellen Mitglied ein polizeiliches Führungszeugnis vorlegen zu lassen. Die Verantwortung für Gewalttaten von Jugendlichen verortet die NPD vor allem in der Politik der etablierten Parteien: „Den Verantwortlichen ist vielmehr bewusst, dass der Überfremdungsdruck in der Bevölkerung quasi naturgesetzlich fremdenfeindliche Reaktionen hervorruft, die gerade bei unreifen Menschen in seltenen Fällen leider auch zu Gewalttätigkeiten führen" (ebenda).

Die NPD selbst hingegen gibt sich vollkommen unschuldig. Der von ihr propagierte Kampf um die Straße sei kein Moment einer aggressiven Strategie, sondern „nichts anderes ist als der Kampf um die Verwirklichung des [Demonstrations-] Grundrechts aus Artikel 8 GG". Natürlich wird auch die Wesensverwandtschaft mit dem Nationalsozialismus in Abrede gestellt. Stattdessen versucht die Partei, an die guten Seiten des Nationalsozialismus anzuknüpfen:

„Man wird nun schwerlich ernsthaft den Standpunkt vertreten können, dass die Reichsregierung unter Adolf Hitler während ihrer 12-jährigen Herrschaft ausschließlich mit der Begehung von Völkermord beschäftigt gewesen sei. Offensichtlich hatte sie darüber hinaus noch genügend Gestaltungsmöglichkeiten, um Veränderungen zu bewirken. [...] Die Argumentationsfigur: ‚Hitler' hat ‚Volksgemeinschaft' gesagt und Juden umgebracht. Die NPD sagt ‚Volksgemeinschaft', also wird auch die NPD Juden umbringen, ist intellektuell abartig. [...] Einem freien Volk muss es erlaubt sein, zu untersuchen und öffentlich zu erörtern, ob die eine oder andere Antwort, die die Nationalsozialisten gefunden haben, nicht in heutiger Zeit aufgenommen und fortgeführt werden sollte" (ebenda).

Es fällt auf, dass die Argumentation der Erwiderung auf den Verbotsantrag der Bundesregierung eine antisemitische Grundhaltung durchzieht. So heißt es darin beispielsweise:

„Diese sich entlang dieser ‚Sollbruchstelle' anbahnende ethnische Spaltung der Bevölkerung in Mitteleuropa wäre angesichts des verkündeten Ewigkeitsanspruchs [...] der Judenheit auf ‚angemessene Vergegenwärtigung des Holocaust' auf dialektische Weise der letzte Fluchtpunkt für die Hoffnung der Deutschen auf Wiederherstellung ihres Volkes. Denn die geistige, morali-

sche, kulturelle und politische Ghettoisierung der ‚angestammten Deutschen', die die notwendige Folge dieser in sich widersprüchlichen Politik ist, würde wohl schon nach wenigen Jahrzehnten den ‚furor teutonicus' wiederbeleben" (ebenda).
An anderer Stelle heißt es:
„Man hört zuweilen – durchaus nicht selten –, dass die germanische Naivität und Redlichkeit der jüdischen Schläue und Skrupellosigkeit nicht gewachsen seien" (ebenda).
Oder:
„Es ist weithin unbekannt, dass die jüdischen Weltorganisationen schon sieben Wochen nach der Berufung Adolf Hitlers zum Reichskanzler Deutschland den ‚heiligen Krieg' erklärten" (ebenda).

Sollte es noch Zweifel an der Verfassungsfeindlichkeit der NPD gegeben haben, an ihrer Ausländerfeindlichkeit, ihrem völkischen Nationalismus und an dem ihrer Bewegung immanenten Antisemitismus, räumt die politische Entgegnung der NPD auf den Verbotsantrag der Bundesregierung alle Zweifel aus. Es entsteht der Eindruck, als rechne die NPD-Führung mittlerweile mit einem Verbot der Partei und habe sich entschlossen, ihrerseits die Verhandlung vor dem Bundesverfassungsgericht öffentlichkeitswirksam zu nutzen, um neonazistisches Gedankengut zu verbreiten und die Anhänger zu radikalisieren.

Im Gegensatz zu Mahler, der vor allem propagandistisch zum NPD-Verbot Stellung nimmt, bemüht sich Hans-Günter Eisenecker in einer zweiten Stellungnahme darum, betont sachlich-juristisch mögliche Widersprüche in den drei Verbotsanträgen herauszuarbeiten:

„Untersucht man den vorliegenden wie die beiden weiteren Verbotsanträge auf die gewählte Vorgehensweise, so erweisen sich alle drei Anträge als bloße Collagen: Ein vorgefertigtes, schablonenartiges Bild, das man der Antragsgegnerin im wahrsten

Sinne des Wortes ‚überstülpt', wird mit frei erfundenen Behauptungen und willkürlich ausgewählten Versatzstücken aus dem Bereich der Antragsgegnerin ausgekleidet. [...] Es zeigt sich auch, dass man auf Seiten des Antragstellers ein unrichtiges Verständnis vom Inhalt der geltenden Verfassung wie vom verfassungsrechtlichen Auftrag einer Partei hat" (NPD, 2 BvB 3/01).

Zusammenfassung und Diskussion

Das Verbotsverfahren stellt keinen abstrakten verfassungsrechtlichen, sondern einen in hohem Maße politischen Vorgang dar. Es konnte aufgezeigt werden, wie stark dieser von der Dynamik der politischen Debatte über die Bekämpfung des Rechtsextremismus im Sommer 2000 beeinflusst wurde, wie schnell die öffentliche Meinung und das politische Handeln in der Frage eines NPD-Verbots umschlagen. Ende Juli stand ein Verbot der NPD noch nicht auf der politischen Agenda, weder der Verfassungsschutz noch die Parteien waren auf eine solche Debatte vorbereitet. Zu Beginn, im August 2000, wurde ein Verbot der NPD von der Mehrzahl der verantwortlichen Politiker abgelehnt. Schon wenige Wochen später aber hatten sich in allen Parteien außer der FDP die Befürworter eines Verbots durchgesetzt. Letztendlich gaben aber weder verfassungsrechtliche oder demokratietheoretische Argumente den Ausschlag für einen NPD-Verbots-Antrag. Auch Erwägungen darüber, wie sich rechtsextreme Gewalt eindämmen lässt, dominierten die Debatte nicht. Vielmehr stand die Politik angesichts der von ihr selbst erzeugten Erwartungshaltung, jetzt endlich energisch und konsequent gegen den Rechtsextremismus vorzugehen, angesichts der Zunahme rechtsextremer Gewalt- und Straftaten im Sommer 2000 sowie angesichts der provokativen Präsenz der NPD in der Hauptstadt Berlin unter erheblichem Handlungsdruck. Aufgrund der aufgeregten gesellschaftlichen Diskussionen und der großen Erwartungen im In- und Ausland hätte jede andere Entscheidung als die Beantragung des NPD-Verbots vor dem Bundesverfassungsgericht Empörung und Unverständnis ausgelöst. Gleichzeitig wäre ein Rückzieher von der NPD als politischer Erfolg und Nachweis ihrer Verfassungskonformität gefeiert worden. Die öffentliche Inszenierung, die von der Absicht, ein Zeichen im Kampf gegen Rechts zu setzen, bestimmt war, setzte die Parteien unter enormen Zugzwang. Dabei entwickelte die gesellschaftliche und politische Debatte eine Eigendynamik, die kaum noch zu kontrollieren war und die die Entscheidung über einen Verbotsantrag selbst entscheidend beeinflusste. Parteipolitische Scharmützel verstärkten diese Dynamik zusätzlich. Im Wechselspiel parteipolitischer Interessen, gesellschaftlicher Empörung und Skandalisierung durch die Medien haben sich die politischen Akteure gegenseitig aufgeschaukelt, in die Verbotsdiskussion hineingesteigert und unter Entscheidungszwang gesetzt.

Bei der Verhandlung über das NPD-Verbot vor dem Bundesverfassungsgericht sprechen vor allem zwei Dinge dafür, dass die Antragsteller Erfolg haben werden und die NPD vom Bundesverfassungsgericht verboten wird. Erstens: Das Bundesverfassungsgericht ist einem enormen Druck der Politik und der öffentlichen Meinung ausgesetzt. Dem werden sich die Verfassungsrichter kaum entziehen können. Zu groß wäre die Empörung über einen Freispruch der NPD, den die Partei und ihre Anhänger als verfassungsrechtlichen Persilschein für ihre Politik und ihre Propaganda feiern würden. Die politische und gesellschaftliche Auseinandersetzung mit der NPD würde erheblich erschwert. Zweitens lieferte die NPD mit ihrer politischen Verteidigungsstrategie eine Steilvorlage für ein Verbot. Die völkischen, antidemokratischen und antisemitischen Ausführungen der NPD werden auch die Bundesverfassungsrichter als Provokation begreifen müssen. Angesichts der grundsätzlichen Bedeutung der Entscheidung und der weit zurückliegenden, aus der Anfangszeit des Grundgesetzes stammenden Urteile zum Verbot der SRP und der KPD werden die Bundesverfassungsrichter vermutlich aber nicht umhinkommen, grundsätzlich neue Kriterien für Parteienverbote zu definieren. Des weiteren lässt sich prognostizieren, dass das wahrscheinliche NPD-Verbot wenig Einfluss auf die Frage haben wird, ob und wie sich die rechte Jugendkultur weiter ausdehnt, ob sich rassistische Gewalt weiter ausbreitet oder wie sie eingedämmt werden kann. Schon jetzt sortiert sich die neonazistische Szene neu. Militante Neonazis und autonome rechte Kameradschaften gewinnen an Bedeutung. Selbst die NPD scheint mit ihrem Verbot zu rechnen und ihre Mitglieder darauf vorzubereiten.

Für die etablierten politischen Parteien und weite Teile der Öffentlichkeit aber ist das Thema abgehakt. Die Politiker haben politische Handlungsfähigkeit bewiesen und sich längst neuen Betätigungsfeldern zugewandt. Die Bekenntnisse der Politiker, dass sich die Bekämpfung rechtsextremer Gewalt nicht in der Verbotsdebatte erschöpfen dürfe, stehen dabei in eklatantem Widerspruch zu dürftigen weiteren Aktivitäten. Alle Fragen, die Bundesinnenminister Otto Schily in dem in der Einleitung zitierten *Spiegel*-Interview im August 2000 aufgeworfen hatte, wie der diffusen rechtsextremen Szene begegnet, wie die zunehmende Militanz eingedämmt werden könne und wie sich Gesellschaft und Politik mit den Anhängern der NPD auseinandersetzen sollten, wenn diese in den Untergrund gedrängt werden, sind bis heute von der Politik unbeantwortet geblieben. Von einem breiten gesellschaftlichen Aufbruch im Kampf gegen den Rechtsextremismus ist nicht viel zu spüren. Der „Aufstand der Anständigen", zu dem Bundeskanzler Gerhard Schröder im Herbst vergangenen Jahres aufgerufen hatte, ist zwischen symbolischen Gesten und ratlosem Aktionismus versandet. In der Debatte um das NPD-Verbot, die mit dem Verbotsantrag endete, fanden die politische Ratlosigkeit und die öffentliche Empörung angesichts der dramatisch zunehmenden rechten Gewalt im Sommer 2000 ein politisches Ventil, mehr nicht.

Literatur:

Berliner Morgenpost vom 7. 8. 2000.
Berliner Zeitung vom 26. 4. 2000.
Berliner Zeitung vom 3. 8. 2000.
Berliner Zeitung vom 4. 8. 2000.
Berliner Zeitung vom 7. 10. 2000.
Berliner Zeitung vom 13. 10. 2000.
Berliner Zeitung vom 25. 11. 2000.
Bild am Sonntag vom 20. 8. 2000.
Bundesminister des Inneren (Hrsg.): Verfassungsschutzbericht 1999; 2000.
Bundesministerium des Inneren (BMI): Entscheidungsgrundlage zum Verbotsantrag vom 8. 11. 2000, vgl. www.bmi.bund.de/Downloads/NPD_Verb.pdf.
BMI-Pressemitteilung vom 31. 1. 2001.
BMI-Pressemitteilung vom 2. 3. 2001.
Bundesregierung: NPD-Verbotsantrag vom 29. 1. 2001, vgl. www.bmi.bund.de/Anlage4911/Verbotsantrag_ohne_Anlagen.pdf.
Bundestag: Plenarprotokoll (PlPr) 14/141.
Bundestag: Pressemitteilung vom 28. 3. 2001.
Bundestagsdrucksache (BT)-Drucksache 14/4056 vom 8. 9. 2000.

Bundesverfassungsgericht (BverfG): Urteil des Ersten Senats vom 23. 10. 1952 – 1 BvB V51.
BverfG: Urteil des ersten Senats vom 17. 8. 1956 – BVerfGE 5.
BverfG: Beschluss vom 12. 4. 2001 – 1 BvQ 19/01.
Deutsche Presseagentur (dpa) vom 12. 8. 2000.
dpa 0319 vom 26. 10. 2000, 13:33:12.
Frankfurter Allgemeine Zeitung (FAZ) vom 3. 8. 2000.
Frankfurter Rundschau (FR) vom 3. 8. 2000.
http://www.br-online.de/news/aktuell/20000801/173013.html1.
http://www.verfassungsschutz.de/arbeitsfelder/rechts/page.html.
Ministerium des Inneren des Landes Sachsen-Anhalt: Pressemitteilung vom 10. 11. 2000.
NPD-Pressemitteilung vom 18. 8. 2000.
NPD-Stellungnahme zum Antrag der Bundesregierung vom 20. 4. 2001, – 2 BvB 1/01, vgl. www.npd-verbotsverfahren.de/antraege/a0003.htm.
NPD- Stellungnahme zum Antrag der Bundesregierung vom 20. 4. 2001, – 2 BvB 3/01, vgl. http://www.npd-verbotsverfahren.
de/antraege/a008.htm.
Reuters vom 3. 8. 2000 .
Der Spiegel, 32/1998.
Der Spiegel, 32/2000.
Der Spiegel, 36/2000.
Der Spiegel, 45/2000.
Staatsministerium des Inneren der Bayerischen Staatsregierung: Pressemitteilung vom 3. 8. 2000.
Süddeutsche Zeitung (SZ) vom 3. 8. 2000.
SZ vom 11. 8. 2000.
Tagesspiegel vom 5. 8. 2000.
Tagesspiegel vom 7. 8. 2000.
die tageszeitung (taz) vom 26. 4. 2000.

taz vom 1. 8. 2000.
taz vom 3. 8. 2000.
taz vom 4. 8. 2000.
Die Welt vom 20. 10. 2000.
Die Welt vom 26. 10. 2000.
Die Woche vom 1. 9. 2000.

Horst Meier

Ein Sack voll widerlicher Zitate

Die drei Anträge zum Verbot der NPD
strotzen vor Entschiedenheit –
sind aber miserabel begründet*

I.

Darf man ausgerechnet in Deutschland dem „Kampf gegen rechts" in den Rücken fallen? Man muss es, wenn die Regierenden demokratische Prinzipien zur Disposition stellen, nur um eine symbolische Politik zu betreiben, die unter Sicherheitsaspekten nutzlos ist. Eben dies ist der Fall in Sachen NPD-Verbot. Was von der CSU aufgebracht und von Rot-Grün anfangs belächelt wurde, ist inzwischen, die FDP ausgenommen, Konsens. Die Bundesregierung stellte einen Verbotsantrag gegen die NPD. Bundesrat und Bundestag taten es ihr gleich. Vor einiger Zeit beschloss das Bundesverfassungsgericht, die mündliche Verhandlung durchzuführen: ein Teilerfolg für die Antragsteller, gewiss. Er dürfte ihnen aber noch allerhand Sorgen bereiten. Denn jetzt müssen sie in Karlsruhe hieb- und stichfest unter Beweis stellen: Die NPD ist so gefährlich, dass die deutsche Demokratie nach 37 Jahren mit ihr nicht mehr koexistieren kann.

* Dieser Beitrag erschien erstmalig am 21. Oktober 2001 in der Frankfurter Allgemeinen Sonntagszeitung. Eine Langfassung unter dem Titel „‚Ob eine konkrete Gefahr besteht, ist belanglos'. – Kritik der Verbotsanträge gegen die NPD" ist in der Zeitschrift Leviathan 4/2001, S. 439–468, erschienen.

Die Vorwürfe gegen die NPD wiegen schwer. Die drei Antragsschriften bringen mit insgesamt 585 Seiten 2,3 Kilogramm auf die Waage. Warum diese Papierflut? Der Verdacht, hier solle der Mangel an Plausibilität durch Masse ausgeglichen werden, erhärtet sich im Laufe der Lektüre: Es wird nichts substanziell Neues über die NPD vorgetragen. Sie wird als eben jene Partei angeklagt, die aus den jährlichen Verfassungsschutzberichten seit langem bekannt ist: Die NPD ist eine deutschtümelnde Nationalistensekte mit rassistischen und antisemitischen Einschlägen, die seit einigen Jahren personelle und aktionsbezogene Berührungspunkte zu Neonazis aufweist. Sie zählt bundesweit 6500 Mitglieder und erringt Wahlerfolge im Promillebereich. Jene, die sich Nationaldemokraten nennen, fallen im übrigen weder durch militante Demonstrationen noch durch spektakuläre Akte zivilen Ungehorsams oder durch die Unterstützung von Rollkommandos und Attentätern auf. Die NPD ist, kurz gesagt, bedeutungslos. Sie ist konstitutionell unfähig, die „Grundordnung" dieses Staates zu erschüttern.

Die Verbotsanträge verraten mehr über die Mentalität ihrer Urheber als über die NPD. Sie harren an der Front des ideologischen Verfassungsschutzes aus, anstatt sich, wie in Demokratien üblich, auf rationale Gefahrenabwehr zu besinnen. Im Antrag des Bundesrats heißt es einleitend: „Ob die NPD mit ihren Bestrebungen [...] derzeitig reale Erfolgsaussichten hat, ob eine konkrete Gefahr für die freiheitliche demokratische Grundordnung besteht, ist belanglos." Das trifft den Kern des alten Denkens und wird auch in den beiden anderen Anträgen beteuert. So laufen denn nahezu alle Vorwürfe darauf hinaus, die NPD vertrete mit legalen Mitteln verfassungswidrige Ziele.

Die Frage, ob antidemokratische Propaganda allein für ein Verbot ausreiche, kommt hiesigen „streitbaren" Demokraten gar nicht in den Sinn. Ihnen gibt auch nicht zu denken, dass ein solches Parteiverbot den Verfassungen der meisten Demokratien unbekannt ist. Also haben sie die Antragsschriften mit anstößigen Zitaten geradezu hochgerüstet. Gewiss doch, die NPD ist – ungeachtet ihrer treuherzigen Bekenntnisse zum Grundgesetz – eine Partei mit rechtsradikalen Zielen. Aber was folgt daraus?

Die „Grundordnung" eines Staates läßt sich durch Verbalradikalismus weder beeinträchtigen noch gar beseitigen. Daher darf der Staat Oppositionsparteien nicht schon deshalb unterdrücken, weil sie einen Kanon von Verfassungsprinzipien („freiheitliche demokratische Grundordnung", FDGO) verdeckt oder offen ablehnen. Die Verfassung schützt das Recht ihrer Verächter, sie fundamental in Frage zu stellen. Solange keine Gewalt im Spiel ist.

Es entspricht der liberalen Tradition des bürgerlichen Verfassungsstaats, sich auf die Sanktionierung gewaltsamer Mittel zu beschränken. Leider ist diese Tradition in Deutschland notorisch unterentwickelt, ja sie wird mitunter als formaler Firlefanz verachtet. Dabei wurde schon zu Zeiten des Radikalenerlasses gegen Links über das freiheitzersetzende Amalgam von „Verfassung und Ideologie" (Ralf Dreier) aufgeklärt. Dahinter sollte niemand zurückfallen, nur weil heute die Feinderklärung gegen Rechts ausschlägt.

Ein weiterer Vorwurf lautet, die Politik der NPD sei dem Nationalsozialismus ziel- und methodenverwandt. Er wird vor allem im Antrag des Bundestags erhoben. Unter den Stichwörtern „Volksgemeinschaft", „Reich", Sozialdarwinismus, Rassismus und Antisemitismus werden allerhand Zitate untersucht: eine aufwendige, nahezu hundert Seiten füllende Exegese, die das Entscheidende nicht plausibel macht. Denn die These von der „Wesensverwandtschaft mit dem Nationalsozialismus" basiert auf einer nicht reflektierten Ähnlichkeitsannahme. Die NS-

Anleihen der NPD begründen aber keine „Wesensverwandtschaft" im engeren Sinne.

Selbst wenn man aber behaupten wollte, die NPD beeinträchtige durch die Propagierung von neonazistischen, also evident verfassungswidrigen Zielen die freiheitliche demokratische Grundordnung, machte dies die Prüfung der übrigen Tatbestandsvoraussetzungen des Parteiverbots nicht überflüssig. Man muß daher fragen: Geht die NPD hier und heute konkret darauf aus, die Demokratie zu beseitigen? Wie verhalten sich ihre Anhänger? Ist sie der NSDAP „wesensverwandt", mithin als deren Nachfolgeorganisation anzusehen? Letzteres konnte das Verfassungsgericht 1952 für die „Sozialistische Reichspartei" (SRP) allein deshalb bejahen, weil sie von bekennenden Nazis dominiert war. Ob auch die NPD das „Erbe" der NSDAP antritt, wozu nicht zuletzt der Straßenkampf politischer Totschläger zählt, darüber schweigen sich die Antragsteller aus. Stattdessen werfen sie, fast ein wenig enttäuscht, der Partei „den taktisch motivierten Verzicht auf illegale Aktionen" vor.

II.

Bleibt die Frage, ob der NPD außer widerwärtigem Geschwafel etwas Handfestes vorzuwerfen ist. In den Verbotsanträgen wird die aus dem KPD-Urteil stammende Formel von der „aktiv kämpferischen, aggressiven Haltung" vielfach aufgegriffen. Sie wird freilich ebenso wenig wie in den fünfziger Jahren mit Verhaltensbeispielen konkretisiert. Stattdessen zitiert man die „Umsturz- und Gewaltrhetorik" der NPD-Anhänger in zahllosen Variationen herbei. Und offeriert mit Hohlformeln nicht beweiskräftige Gewaltsurrogate. Im Antrag des Bundestages liest sich das wie folgt: „Befürwortung von Gewalt", „Anstiftungsrhetorik des blanken

Hasses" oder „rechtswidrige Suggestion (!) von Gewaltbereitschaft und Gewalttätigkeit". Es wird indes kein einziges Beispiel für Hasspropaganda vorgetragen, die eine konkrete Tat provoziert hätte.

Ansonsten beruft man sich auf verrohte Äußerungen, die an „nationaldemokratischen" Stammtischen die Stimmung anheizen: Mitglieder der Jugendorganisation sollen im Laufe einer Diskussion erklärt haben, man müsse „die Kanaken abknallen". Und einem Führungskader der Partei wird vom Verfassungsschutz nachgesagt, er habe während eines Schulungsabends gefordert, die „Rückführung von Ausländern" müsse notfalls „mit der Pistole am Kopf" durchgesetzt werden. Einmal unterstellt, die vornehm als „Behördenzeugnis" firmierenden Spitzelberichte lassen sich in Karlsruhe beweisen: Was besagen zwei Äußerungen aus den Hinterzimmern der Partei für die NPD als Ganzes? Da der Partei keine konkreten Aufforderungen zur Gewaltanwendung gegen Fremde vorzuwerfen sind, kann sie sich von Verbalexzessen Einzelner leicht distanzieren.

Gewalt macht ausnahmslos jede parteipolitische Aktivität verfassungswidrig. Daher kommt dem Nachweis von rechtskräftig abgeurteilten Gewalttaten im Verbotsprozess eine zentrale Bedeutung zu. Die konkreten Belege, die dafür vorgetragen werden, sind dürftig. Seit 1996 wurden zwölf Parteifunktionäre verurteilt, wobei abzüglich der Propagandadelikte wie Volksverhetzung in sechs Fällen Gewalt im Spiel war.

Außerdem werden in den Anträgen insgesamt acht Beispiele für Gewalttaten besonders hervorgehoben (von denen vermutet werden darf, dass sie das Schlimmste dessen darstellen, was die Verbotsbetreiber gegen die NPD zusammentragen konnten). Eine kritische Durchsicht ergibt, dass davon als einzige signifikante Straftat der brutale Überfall auf Besucher der KZ-Gedenkstätte Kemna bei Wuppertal übrig bleibt. Von führenden Funktionären der Jugendorganisation geplant und durchgeführt, kann er einer lokalen Parteigliederung klar zugerechnet werden.

Alles in allem belegen die aufgeführten Straftaten keineswegs, dass die NPD in den letzten Jahren zu einer Schaltzentrale fremdenfeindlicher Gewalt geworden ist. Sie belegen nicht einmal den vagen Vorwurf, die Partei habe sich „zu einer Handlungs- und Gesinnungsplattform für rechtsextremistische Straf- und Gewalttäter entwickelt". Bereits die Gewichtung der drei Antragschriften zeigt dies in aller Deutlichkeit: Bei insgesamt 585 Seiten ist auf ganzen 19 Seiten von wirklichen Gewalttaten der NPD-Anhänger die Rede. Es nimmt daher nicht Wunder, dass die Anträge immer wieder auf das „gewalttätige Vokabular" einer „rhetorisch gewalttätigen Partei" ausweichen.

Die Tatsache, dass die NPD sich zur Gewaltfreiheit bekennt und weder in ihrem Programm noch in Parteitagsreden Gewalt predigt, wird im Antrag des Bundestags für nebensächlich erklärt: wegen der „im Bewegungscharakter und in der Netzwerkorganisation der NPD angelegte(n) Tendenz, die Ausführung von Gewaltaktionen gleichsam in das Bündnisumfeld zu ‚delegieren'". Eine steile These, für die keine überzeugenden Indizien vorgetragen werden.

Die weiteren Anklagepunkte klingen martialisch, geben aber nichts Greifbares her. Nehmen wir zum Beispiel den „Kampf um die Straße". Er wird nicht etwa mit wirklichen Straßenkämpfen belegt, sondern mit starken Sprüchen: Da er die „Abenddämmerung der Berliner Besatzerrepublik" anbrechen sieht, frohlockte ein Funktionär aus der sächsischen Provinz: „Der zweifellos bevorstehende Endkampf bedarf gut geschulter politischer Soldaten, die bereit sind, im Notfall alles zu opfern."

So viel zum letzten Gefecht, dem Nationaldemokraten entgegenfiebern. Wie aber verhält es sich mit dem Konzept der „befreiten Zonen", wonach die NPD politische Gegner ausschließen und die Staatsmacht zurückdrängen wolle? Die Bundesregierung behauptet, dem wohne ein Element „zumindest psychischer Gewalt inne". Der Bundestag weiß zu berichten, dass die NPD „die Erkämpfung ‚national befreiter Zonen' vor allem auf Gebiete in den neuen Bundesländern konzentriert". Auch der Bundesrat sieht Gefahr im Verzug: „Die aktiv kämpferische, aggressive Haltung der NPD gegenüber der bestehenden Ordnung findet ihren stärksten Ausdruck in dem Konzept ‚national befreiter Zonen'".

Sollte das zutreffen, haben die Antragsteller ein Problem. Denn die beiden einzigen „befreiten Zonen", die sie lokalisieren, sind keine: Im sächsischen Wurzen scheiterte der Aufbau eines Jugendzentrums, im brandenburgischen Neuruppin demonstrierte man erfolglos gegen die Schließung eines Szenetreffs. Die Bundesregierung gesteht immerhin ein, „vom Zustand der Eroberung der Hoheit über Gebiete" könne „noch nicht gesprochen werden". Gott sei Dank.

III.

So legt man die 585 Blatt beiseite und darf sich getrost der Einschätzung anschließen, die Innenminister Otto Schily ganz zu Anfang der Verbotsdebatte vertrat: Das vorliegende Material reicht nicht aus. Daran haben die nachgeschobenen Anträge nicht das Geringste geändert. Sollten die Verfassungsrichter auch nur einigermaßen anspruchsvolle Anforderungen stellen, das heißt, mehr verlangen als einen Sack voller Zitate mit verfassungswidriger Propaganda, ist gar nicht abzusehen, wie die Antragsteller der in Karlsruhe drohenden Beweisnot entraten könnten.

Jutta Limbach, damals Präsidentin des Verfassungsgerichts, die zugleich dem für Parteiverbote zuständigen Zweiten Senat vorstand, gab kurz vor dem Ausbruch der seltsamen Verbotsdebatte eine lesenswerte Broschüre über das Bundesverfassungsgericht heraus. Es heißt darin: „Nach dem Verbot von SRP und KPD ist zwar immer wieder – zum Beispiel Ende der 60er Jahre, nach einer Reihe von Wahlerfolgen der rechtsradikalen NPD auf Landesebene – der Ruf nach weiteren Parteiverboten laut geworden. Dabei hat sich jedoch die Einsicht durchgesetzt, dass eine stabile Demokratie ihre Gegner am wirkungsvollsten auf dem Feld der öffentlichen Diskussion und der Wahlen in ihre Schranken weist" (Limbach 2000, S. 51).

Ob sich diese Einsicht auch im anstehenden Verbotsverfahren durchsetzt? Verfassungsrichter, die gewohnt sind, den Zumutungen der Tagespolitik zu widerstehen, können für die Bürgerrechte Partei ergreifen, ohne einen vernünftigen Zweifel daran zu lassen, dass sie die NPD für eine antidemokratische Partei halten. Man wird sie dafür nicht gerade mit Dankesbriefen überschütten. Sie können aber, ein wenig altmodisch formuliert, für sich in Anspruch nehmen, der deutschen Republik einen Dienst erwiesen zu haben.

Literatur:

Limbach, Jutta (Hrsg.), 2000: Das Bundesverfassungsgericht. Geschichte – Aufgabe – Rechtsprechung. Heidelberg.

Bernhard Wagner

Warum ich trotzdem für ein Verbot der NPD bin

Ein Verbot der NPD löst das Problem des Rechtsextremismus nicht. Es nährt allerdings diese Illusion, wenn sich die Debatte wie im Herbst 2000 ganz überwiegend darauf beschränkt. Rechtsextremismus ist kein Problem am Rand dieser Gesellschaft, sondern er kommt aus der Mitte. Notwendiger als repressive sind zivile Maßnahmen, etwa ein Ende der ausgrenzenden Diskurse über Asyl und Einwanderung oder eine Politik der gleichen Rechte für Minderheiten, deren Ausgrenzung aus der Gesellschaft wesentliche Ursachen für neonazistische Gewalt sind. Auch anderen Opfergruppen der Rechtsextremen, wie etwa den Obdachlosen, wäre mehr geholfen, wenn die Armut bekämpft würde und nicht ihre Vertreibung aus den Innenstädten, weil man Armut nicht sehen will. Rechtsextreme und Neonazis ziehen ihre Legitimation für Gewalt aus diesem politischen und gesellschaftlichen Verhalten. Sie setzen in Gewalt um, was sie für den „Volkswillen" halten. Diese Beispiele seien vorausgeschickt, um die beschränkte Wirksamkeit einer Verbotspolitik deutlich zu machen, die nicht in eine Gesellschaftsveränderung in Richtung Solidarität, Respekt und Toleranz oder mehr Demokratie eingebettet ist. Die Herauskehrung des autoritären Staates, die in der Handhabung des NPD-Verbots zum Ausdruck kommt, ist in dieser Hinsicht sogar kontraproduktiv. Trotzdem bin ich für ein Verbot der NPD.

Steuerbegünstigter Nationalsozialismus

Die von der NPD vertretene Weltanschauung und Propaganda ist rassistisch, antisemitisch, nationalistisch und vertritt den Volksgemeinschaftsgedanken. Der Verbotsantrag stellt zu Recht eine Wesensverwandtschaft mit dem Nationalsozialismus fest. Die Verbrechen des Nationalsozialismus werden nicht nur geleugnet, sondern viele Mitglieder und Anhänger sind bekennende Nationalsozialisten. In dieser Ideologie ist das „Naturrecht des Stärkeren" und Gewalt gegen Schwächere bereits enthalten. Von der NPD wird sie systematisch, etwa durch den Aufruf zur Bildung „national befreiter Zonen", propagiert. Neonazis aus Organisationen, die in den 90er Jahren verboten wurden, sind scharenweise in die NPD eingetreten oder arbeiten eng mit ihr zusammen. Diese Neonazis versuchen nun unter dem Schutz des Parteiengesetzes, die „Straße zurückzuerobern". Das ist u. a. bei den zahlreichen Aufmärschen z. B. gegen die „Wehrmachtsausstellung" deutlich geworden. Durch ein derartiges Agieren und Auftreten unterscheidet sich die NPD auch von den kaum weniger rassistischen und nationalistischen anderen Parteien der extremen Rechten, den Republikanern oder der DVU.

Zwar können nationalsozialistische Einstellungen und Ansichten nicht verboten werden. Ein Parteienverbot wird auch kaum weitere Übergriffe auf Minderheiten verhindern. Allerdings würde die Wiederbelebung des Nationalsozialismus nicht mehr unter dem Schutz und mit den Privilegien des Parteiengesetzes betrieben, sie wäre nicht mehr steuerbegünstigt, öffentliche Auftritte könnten leichter verboten werden, Wahlspots müssten nicht mehr gesendet und über die staatliche Parteienfinanzierung würden keine weiteren Steuergelder mehr für die rassistische und antisemitische Propaganda der NPD verausgabt – eine ganze Reihe von Gründen, die für das Verbot sprechen. Die NPD trotz der vorliegenden Gründe nicht zu verbieten, hieße, sie weiterhin zu fördern und zu akzeptieren, dass sie an der „politischen Willensbildung des Volkes" mitwirkt. So sieht es zumindest das Grundgesetz in Artikel 21 vor.

Verbot schafft keine neuen Märtyrer

Nun werden auch sachliche Argumente gegen das NPD-Verbot angeführt, die seine möglichen Auswirkungen betreffen. Eine Befürchtung ist etwa, das Verbot könne dazu führen, dass NPD-Mitglieder ihrer legalen Betätigung beraubt werden und in den Untergrund gehen. Mit diesem Argument wird die Funktion verkannt, die die NPD schon immer für die Neonaziszene hatte. Sie gilt als eine Art Durchlauferhitzer, die durch ihr öffentlich-legales Auftreten unterschiedlichste Leute rekrutiert und an die Neonaziszene heranführt. Zahlreiche Führungsfiguren der Szene und etliche Rechtsterroristen sind in der NPD politisiert worden. Beispiele sind der ehemalige FAP-Vorsitzende Friedhelm Busse, der heutige Kopf der „Freien Kameradschaften" in Süddeutschland Michael Swierczek oder der ehemalige Rechtsterrorist Peter Naumann, deren neonazistische Karriere in der NPD begann. Ebenso wird bei diesem Argument übersehen, dass die neonazistische Szene immer eine Doppelstrategie verfolgt hat. Organisierter Terror ist dort keine Alternative zur Massenpartei, sondern eine Ergänzung.

Auch ist eine Vereinigung des bislang glücklicherweise zerstrittenen und zu keinerlei gemeinsamen Aktionseinheit fähigen extrem rechten Spektrums kaum zu befürchten. Die Mitgliederzahl der NPD dürfte derzeit bei etwa 7000 liegen. Darunter sind jedoch auch zahlreiche Anhänger der „Freien Kameradschaften", deren Mitgliedschaft eher taktisch begründet ist. Den meisten

NPD-Anhängern sind die extrem rechten Wahlparteien Republikaner oder DVU zudem nicht konsequent genug. Bei einem Verbot würde die Mitgliedschaft vermutlich auseinanderfallen und sich kaum gemeinsam in einer anderen Partei konzentrieren.

Schließlich kann ein Verbot zwar zur Schaffung neuer Märtyrer führen, sie würden jedoch nur einer großen Anzahl alter und neuer Märtyrer hinzugefügt. Die Schaffung und Mystifizierung von Märtyrern gehört zur Strategie der extremen Rechten. Sie sind austauschbar, und das NPD-Verbot würde keinen neuen Sachverhalt schaffen.

Meinung oder Verbrechen?

Nationalsozialismus ist eine Vernichtungsideologie und stellt kein schutzwürdiges Gedankengut dar. So hoch wir die grundgesetzlich garantierte Meinungsfreiheit einzuschätzen haben, ist sie doch nicht absolut und sollte dann begrenzt werden, wenn sie die Freiheit anderer verletzt und einschränkt. Das lässt sich nur selten so klar definieren wie bei der Propagierung des Nationalsozialismus oder im Falle der immer wieder aufflammenden „Euthanasie"-Debatten. Hier muss m. E. klargestellt werden: Über die Vernichtung von Menschen kann ebenso wenig öffentlich diskutiert werden wie über das Lebensrecht Behinderter.

Es ist keine Frage, dass der Nutzen von Verboten beschränkt ist. Meinungen werden damit nicht geändert, neonazistische Aktivitäten nur bedingt unterbunden. Verbot und Nichtverbot sind jedoch auch unterschiedliche Signale an die Öffentlichkeit. Solange die Verfassungsorgane die Möglichkeit haben, eine Partei wie die NPD zu verbieten und nicht davon Gebrauch machen, signalisieren sie gerade nach einer öffentlichen Diskussion, wie sie im Herbst 2000 stattfand, dass es sich hier vielleicht um mehr

NPD-Demonstration in Magdeburg anlässlich des 52. Jahrestags der Bombardierung Magdeburgs.

oder minder fragwürdige Meinungen handelt, die jedoch zu tolerieren und im Rahmen der Gleichbehandlung mit anderen Parteien sogar zu fördern sind. Aus Sicht einer Institution, die vor dieser Alternative steht, ist das NPD-Verbot dringend geboten.

In der Vergangenheit waren Vereins- und Parteienverbote oft Ausdruck einer Auffassung von Totalitarismus, in der sich eine selbst definierte politische Mitte von Extremisten nach Links und Rechts abgrenzte. Das Verbot der extrem rechten Sozialistischen Reichspartei (SRP) 1952 ging etwa mit dem der kommunistischen KPD 1956 einher, das Verbot der neonazistischen ANS/NA in den 80er Jahren mit dem der linken türkischen Organisation Dev Sol. Diese falsche Gleichsetzung einerseits und die demonstrative Abgrenzung der „Mitte" gegen die Extremisten an und für sich andererseits ist für die Bekämpfung des Rechtsextremismus kontraproduktiv. Die grundlegende Analyse, dass nämlich die Wurzeln der extremen Rechten in der Mitte der Gesellschaft liegen, wird so konterkariert. Aus diesem gegen die Verbotspraxis vorgebrachten Argument sollte jedoch nun nicht der Schluss gezogen werden, dass Verbote von Neonaziparteien per se falsch seien. Vielmehr wäre es hier die Aufgabe einer antifaschistischen Öffentlichkeit, eine neue Rechtsgrundlage einzufordern, wie sie etwa der Art. 139 GG, der die Weitergeltung der Entnazifizierungsvorschriften beinhaltet, andeutet. Zwar hat der Artikel seine praktische Relevanz verloren, nachdem die Entnazifizierung der Nachkriegszeit für beendet erklärt worden war, er ist jedoch auch bei der Verfassungsreform Anfang der 90er Jahre nicht gestrichen worden. Ausgehend von Art. 139 GG bedürfte es heute einer zeitgemäßen spezifischen Rechtsgrundlage gegen das Wiederaufleben des Nationalsozialismus, wie sie beispielsweise das österreichische Verbotsgesetz darstellt.

Die Verbotsdebatte

Problematischer als das Verbot der NPD ist die Debatte darum. Allein mit der markigen Demonstration staatlicher Gewalt ist das Problem nicht zu lösen. So sehr ich ein Verbot der NPD im Einzelfall begrüße, kann eine Politik, die schwerpunktmäßig auf Verbote setzt, kaum erfolgreich sein. Gerade die Entwicklung im Bereich des Internet zeigt, wie leicht Verbote – etwa der NS-Symbolik oder der Holocaustleugnung – umgangen werden können. Über Verbote lässt sich rassistische oder NS-Propaganda letztlich nicht von ihren Adressaten fernhalten. Hier ist ein grundsätzliches Umdenken notwendig, weil die Verbotspolitik neben ihrer geringen Wirksamkeit auch an faktische Grenzen stößt. Es wird in Zukunft noch mehr als bisher darauf ankommen, die

Gesellschaft zur kritischen Auseinandersetzung mit dieser Weltanschauung zu befähigen und die Eigenverantwortung und Eigeninitiative zu fördern. Beispielsweise könnte ein Verweigerungsrecht für Arbeitnehmer, die gezwungen sind, an der Produktion und Verbreitung extrem rechter Propaganda mitzuwirken, auch eine gesellschaftliche Auseinandersetzung fördern.

Mit der Verbotsdebatte ist zudem der Blick auf die Organisationen und Parteien verengt worden, die sich zum Nationalsozialismus bekennen oder ihm offensichtlich nahe stehen. Gegen die rassistische und nationalistische Propaganda der extrem rechten Wahlparteien DVU oder Republikaner, die sich am Rande, aber doch innerhalb der Legalität befindet, ist damit nicht anzukommen. Gleiches gilt für das rechtsextreme Einstellungspotenzial, das mit rund 13 Prozent in der Bevölkerung angegeben wird. Die „Fremdenfeindlichkeit" oder der Wohlstandschauvinismus sind noch in weit höherem Maße verbreitet. Notwendiger als Verbote sind daher die Auseinandersetzungen mit diesen Einstellungen. Dazu gehören nicht nur pädagogische Konzepte für die Schule und Bildungsarbeit oder die intensive Beschäftigung mit der Geschichte, sondern auch eine Wende im öffentlichen Diskurs und in der Politik. Es wird kaum ausreichen, Werte wie Toleranz, Respekt, Demokratie oder Solidarität zu predigen, wenn sie in der Gesellschaft nicht erfahrbar sind. Dazu muss sich der Umgang mit Minderheiten, Flüchtlingen, Migranten oder Obdachlosen auch faktisch ändern. Hierarchien müssen abgebaut, Institutionen oder Betriebe demokratisiert werden. Statt des zunehmenden Sozialabbaus bedarf es einer sozialen Integration aller hier lebenden Menschen in die Gesellschaft.

STEFFEN REICHERT

Einflussnahmen Rechtsextremer und Gegenwehr demokratischer Medien

Mit der im zweiten Halbjahr 2000 intensiv geführten Diskussion um ein Verbot der NPD, die im Jahre 2001 in die Verbotsanträge von Bundesregierung, Bundestag und Bundesrat mündete, ging die Zustandsbeschreibung rechtsextremistischer Aktivitäten in der Bundesrepublik einher. Dabei wurde eindrucksvoll deutlich, dass Parteien und lose Zusammenschlüsse im rechtsextremen Lager nichts unversucht lassen, die öffentliche Meinung nachhaltig zu beeinflussen und die politische Grundstimmung zu ihren Gunsten zu verändern. Aus dieser Erkenntnis resultierend stellt sich zwingend die Frage, wie demokratische Medien sich dieser Strategie erwehren und im täglichen Umgang mit dem Thema agieren statt reagieren können.

Ziel dieses Beitrags ist es, die Arbeitsweise der Redaktionen vor dem Hintergrund einer sich formierenden Gegenöffentlichkeit aufzuzeigen und Handlungsalternativen im Umgang mit rechtsextremistischen Multiplikatoren zu entwickeln. Die Zustandsbeschreibung beschränkt sich dabei im wesentlichen auf Sachsen-Anhalt, wohl wissend, dass es über die Grenzen des Bundeslandes hinaus enge Verflechtungen innerhalb der rechten Szene gibt.

Arbeitsweisen der Redaktionen

Vergleichende Untersuchungen zwischen den Arbeitsmethoden US-amerikanischer, britischer und deutscher Journalisten machen immer wieder deutlich, dass die deutschen Berufsvertreter in wesentlich höherem Ausmaß auf Informationsquellen, die ihnen aktiv präsentiert werden, zurückgreifen. Auch die Einstellung zu umstrittenen Recherchemethoden weist erhebliche Unterschiede auf.

So geben laut einer Recherche von Frank Esser 57 Prozent der befragten deutschen Journalisten an, dass sie sich in ihrem letzten Bericht auf Agenturen oder Pressemitteilungen verlassen hätten. Bei den britischen Medienvertretern sind es lediglich 24, bei den amerikanischen 29 Prozent. Auf die Frage, welche Quellen ihnen in ihrer täglichen Nachrichtenarbeit Orientierungshilfe geben, antworten die deutschen Journalisten mit 89 zu 64 Prozent wesentlich häufiger als ihre amerikanischen Kollegen, dass sie die Nachrichtenagenturen als „sehr wichtig" bzw. „ziemlich wichtig" betrachteten (vgl. Esser 1999, S. 26 ff.).

Im angelsächsischen Raum werden darüber hinaus in wesentlich stärkerem Maße Gespräche mit Experten, Augenzeugen oder Organisationen geführt, es werden Straßengespräche genutzt oder Umfragedaten eingesetzt. Die Bereitschaft der Deutschen, beispielsweise auf vertrauliche Regierungsunterlagen zurückzugreifen, Informationsquellen partiell unter Druck zu setzen oder private Briefe oder Fotos ohne Erlaubnis zu veröffentlichen, tendiert in der Bundesrepublik gegen Null. Signifikant für die deutschen Redakteure ist, dass sie deutlich weniger Zeit für die Recherche als ihre Berufskollegen in Großbritannien und den USA verwenden. Während nur 21 Prozent der deutschen Journalisten „sehr viel Zeit" dafür investieren, sind es bei den beiden anderen Nationen 44 bzw. 48 Prozent (ebenda).

Zweifellos: Einstellungsuntersuchungen sind streitbar. Und doch – diese Zahlen belegen exemplarisch, was sich im Bereich des Rechtsextremismus auch für Sachsen-Anhalt seit gut einem Jahr verstärkt feststellen lässt: Es gibt zunehmende und zwar auch zunehmend erfolgreiche Versuche rechtsextremistischer Parteien und Organisationen, mit Hilfe klassischer Mittel der Öffentlichkeitsarbeit – Pressegespräch, Pressemitteilung, Sichtwerbung, Leserbrief oder direktes Interviewangebot an einen Journalisten –, aber auch durch unmittelbares Agieren im öffentlichen Raum Einfluss auf die öffentliche Meinung zu nehmen.

Die Rechtsextremisten werden selbstverständlich dadurch unterstützt, dass die Medien in zunehmendem Maße über „rechts motivierte" Gewalt berichten. Möglicherweise geht damit auch eine Zunahme dieser Gewalt einher.[1]

Lage und öffentlichkeitswirksame Aktivitäten der NPD in Sachsen-Anhalt

Die Versuche der Einflussnahmen als „erfolgreich" zu bezeichnen, bedeutet ausdrücklich nicht, dass öffentliche Meinung durch Rechtsextreme bestimmt wird. Das eigentliche Ziel ist vielmehr, überhaupt wahrgenommen zu werden. Zwar nennt der ehemalige Landesvorsitzende der NPD in Sachsen-Anhalt, Steffen Hupka, die Einflüsse der demokratischen Medien und der Gesellschaft „zersetzend" und artikuliert aus seinem Verständnis folgerichtig das Ziel, sich von ihnen „vollständig zu befreien" (vgl. Hupka 1999). Dennoch ist gerade beim sachsen-anhaltischen Landesverband der NPD offensichtlich, dass öffentlichkeitswirksame Aktivitäten organisiert werden, bis hin zu den Versu-

---

[1] Eine bundesweite Analyse von Beiträgen aus 20 ausgewählten Medien ergab für Juli 2000 mit 228 eine herausragende Zahl von Veröffentlichungen zum Thema. Im August verdoppelte sich die Zahl der entsprechenden Straftaten beinahe auf 1112 (vgl. Aufklärer oder Anstifter, 2000, S. 1).

chen, Werbeanzeigen zu platzieren. Diese schlagen sich nachweislich auch in einer stärkeren medialen Wahrnehmung der NPD nieder – was zweifellos ein Spannungsfeld journalistischer Arbeit charakterisiert. So kündigte der derzeitige Landesvorsitzende der Partei, Andreas Karl, an, im Frühjahr 2001 bei den Kommunalwahlen antreten zu wollen (vgl. Reichert 2000b, S. 2). Tatsächlich bewarben sich Mitglieder des Landesverbandes in drei Orten um das Amt des Bürgermeisters. In Laucha trat der Landesvorsitzende Andreas Karl an, der zugleich für das Amt des Landrates des Burgenlandkreises kandidierte. In Zeitz bewarb sich das niedersächsische NPD-Mitglied Waldemar Maier um das Amt des Bürgermeisters, in Bad Kösen ging der frühere NPD-Bundesvorsitzende Günter Deckert als Einzelbewerber ins Rennen (vgl. Pressemitteilung der NPD vom 28. 2. 2001).

Die vom NPD-Parteivorstand unter Udo Voigt formulierte Drei-Säulen-Strategie „Kampf um die Straße", „Kampf um die Parlamente" und „Kampf um die Köpfe" (wohlgemerkt in dieser Reihenfolge) beinhaltet natürlich die Erkenntnis, dass zuallererst die massive Provokation für öffentliche Wahrnehmung sorgt: sei es der Aufzug vor dem Sonnenblumenhaus in Rostock-Lichtenhagen, der Marsch durch das Brandenburger Tor im Januar 2000 oder die Großkundgebung in der Nibelungenhalle in Passau im Mai 2000.

Der Versuch der Provokation von Öffentlichkeit lässt sich besonders deutlich an den NDP- und NPD-nahen Demonstrationen in Sachsen-Anhalt nachvollziehen. Vor allem seit den so genannten Himmelfahrtskrawallen in Magdeburg 1994 wird die Landeshauptstadt bei rechtsextremistischen Aktivitäten und Übergriffen medial überdurchschnittlich wahrgenommen. Infolgedessen hat der NPD-Landesvorstand im vergangenen Jahr zwei Demonstrationen durchgeführt. Beide wurden von einer hohen medialen Präsenz begleitet: als Folge der öffentlichen Angst, dass es gewalttätige Ausschreitungen geben könnte, aber auch als Folge der sich verschärfenden Wettbewerbssituation insbesondere im elektronischen Bereich.

Die damalige Ankündigung von Hupka, man werde so lange Demonstrationen anmelden, bis man in Magdeburg marschieren dürfe (eine Taktik, die später auch in Göttingen praktiziert worden ist), hat nicht nur Ängste ausgelöst, sondern auch journalistische Gepflogenheiten außer Kraft gesetzt.[2] So war in einer Tageszeitung – ziemlich prominent platziert – eines Tages zu lesen, dass es eine weitere Demonstration der NPD geben würde. Beim letzten derartigen Aufzug in Magdeburg kündigte Hupka an, man werde nun in Halle aufmarschieren – die Botschaft war bei der alarmierten Öffentlichkeit sehr wohl angekommen.

Mehrere Wochen lang kursierten in Halle Gerüchte über einen geplanten Marsch der NPD, der für den Silvesterabend 1999 angekündigt worden war. Ein Marsch über den Riebeck-Platz war anvisiert, ein Aufzug im Kurt-Wabbel-Stadion. Als Gegenmaßnahme wurden szeneintern Silvesterabende in der Nähe von Halle angeboten. Auch Pressemitteilungen protestierender Gruppen gingen bei der Redaktion ein. Gewerkschaften meldeten sich zu Wort, kirchliche Gruppen, die Antifa. Ohne an dieser Stelle detailliert auf die Gestaltung der Medienlandschaft in Sachsen-Anhalt eingehen zu können, ist zumindest klar, dass viele ehrenamtlich tätige Vereinsmitglieder und Gruppierungen – also demokratische Öffentlichkeit im besten Sinne des Wortes – ihre

2   Bei der Demonstration am 27. Februar 1999 in Magdeburg traten Mitglieder des „SelbstSchutzes Sachsen-Anhalt" als Ordner auf. Diese Tatsache – belegt durch einen Bericht des Landeskriminalamtes Magdeburg vom 1. 3. 1999 und eine Fotodokumentation des Bundesamtes für Verfassungsschutz vom 27. 2. 1999 – gehört zu den angeführten Beweisen, mit denen die Bundesregierung am 29. 1. 2001 beim Bundesverfassungsgericht in Karlsruhe den Verbotsantrag begründete.

Inhalte nur dann massenwirksam transportieren können, wenn sie auf den redaktionellen Seiten von *Magdeburger Volksstimme* und *Mitteldeutscher Zeitung* erscheinen. Deren Pressemitteilungen nicht zur Kenntnis zu nehmen, bedeutet für sie nicht nur journalistische Ignoranz, sondern auch fehlende gesellschaftliche Kommunikation.

Der mediale Umgang mit der Silvesterdemonstration 1999 war eine schwierige redaktionelle Entscheidung. Jede der sicher ein Dutzend Pressemitteilungen zu veröffentlichen hätte bedeutet, drei Mal wöchentlich – zumindest indirekt – diesen Aufzug im Blatt zu thematisieren. Die Redaktion der *Mitteldeutschen Zeitung* hat sich dann dafür entschieden, eine Kurznachricht unter Bezugnahme auf die Polizeidirektion zu veröffentlichen, wonach es die Anmeldung zu der Demonstration geben solle (vgl. Mitteldeutsche Zeitung, 14. 10. 1999). Zu diesem Zeitpunkt war das Gerücht wohlgemerkt schon lange im Umlauf. Wenig später erklärte Innenminister Püchel gegenüber der Redaktion, dass ein Verbot wegen der nicht zu gewährleistenden Sicherheitslage – Silvesterknallerei und 2000-Problem – geprüft werde. Es folgte die Veröffentlichung einer Erklärung der Synode der Kirchenprovinz und die Mitteilung, dass der Stadtrat mit großer Mehrheit den geplanten Aufmarsch der NPD verurteile. Letztlich hat Steffen Hupka als Veranstaltungsleiter selbst die Anmeldung zurückgenommen und auf die potenziell ausbleibenden Teilnehmer in der Begründung verwiesen. Auch darüber wurde Anfang Dezember im Lokal- und im Hauptteil berichtet. Am Ende ist über diese Demonstration, die tatsächlich nicht stattgefunden hat, allein in der *Mitteldeutschen Zeitung* zehnmal berichtet worden.[3] Die NPD hatte es somit verstanden, über die Redak-

---

3   Mitteldeutsche Zeitung vom 14. 10., 10. 11., 20. 11., 25. 11., 26. 1., 27. 11., 30. 1., 3. 12., 10. 12., 28. 12. 1999.

tionen ein mediales Echo auf ihre angekündigte Demonstration herzustellen.

Wie schmal der Grat und wie individuell die Entscheidung jedes Mal ist, lässt sich an zwei Hinweisen auf Demonstrationen nachweisen. Über mehrere Wochen kursierte in Halle die Information – belegt durch ein Flugblatt –, dass am 25. März 2000 in der Saalestadt eine Demonstration der IWG (Interessengemeinschaft für die Wiedervereinigung Gesamtdeutschlands) stattfinden solle. Da es seitens der Öffentlichkeit keinerlei Gegenreaktion gab und die Polizei keinerlei Presseinformation dazu veröffentlichte, hat die Redaktion über dieses mutmaßlich zu erwartende Ereignis auch nicht berichtet. Zu Recht, wie sich herausstellte. Tatsächlich nämlich fand dieses Ereignis am gleichen Tag in Dresden als Veranstaltung der NPD unter dem gleichen Motto „Recht auf Heimat" statt, obwohl Dresden in der Jahresplanung der IWG erst für den 27. Mai 2000 vorgesehen war. Inzwischen hatte die NPD auch die Übernahme der „Patenschaft" über die IWG erklärt und angekündigt, die Veranstaltungen in Anlehnung an die Montagsdemonstrationen jeweils am Samstag durchzuführen.

Im Gegensatz zu einer angekündigten NPD-Veranstaltung in Halle fand am 25. März 2000 in Salzwedel ein Aufzug statt, der von dem NPD-Aktivisten Mirko Appel bereits im Januar angemeldet und praktisch in letzter Minute über den verwaltungsgerichtlichen Weg genehmigt worden war. Obwohl für diese Demonstration nur innerhalb des rechtsextremistischen Lagers, also nicht in den öffentlich zugänglichen Medien, geworben worden war, obwohl am gleichen Tag und zwar in Dresden und Bayreuth andere Aufzüge stattfanden und obwohl es innerhalb des sachsen-anhaltischen Landesverbandes zu dem Zeitpunkt extreme Spannungen gab, war die NPD immerhin in der Lage, landesweit 500 Teilnehmer zu mobilisieren.

Eine umfangreiche Berichterstattung gab es auch zu einer von Steffen Hupka für den 25. August 2000 in Halle angemeldeten und unter strengen Auflagen durchgeführten Demonstration. Die Veranstaltung war ursprünglich von der Polizeidirektion Halle verboten worden, wogegen juristisch vorgegangen wurde.[4] Die Demonstration, die aufgrund der Verbotsdebatte und nach einem gegenteiligen Beschluss des NPD-Bundesvorstandes ausdrücklich gegen den Willen der Verantwortlichen der einzelnen NPD-Gliederungen stattfand, war Auslöser für ein eingeleitetes Parteiausschlussverfahren gegen Steffen Hupka.[5] Begründet wurde dieses Verfahren mit parteischädigendem Verhalten durch Hupka (vgl. Mitteldeutsche Zeitung, 7. 9 . 2000, S. 1).

Inwieweit die bereits erwähnten Spannungen innerhalb des NPD-Landesverbandes langfristigen Einfluss auf das Agieren im lokalen öffentlichen Raum – vordergründig oder bewusst inhaltlich – haben, ist noch nicht verlässlich zu sagen. Im Rahmen der innerhalb der NPD geführten Strategiediskussion über das Prinzip der so genannten befreiten Zonen hat sich Steffen Hupka klar zum Handeln im lokalen und sublokalen Raum bekannt (vgl. Deutsche Stimme 11/1999).

Dieses Selbstverständnis erklärt die letzten Aktivitäten Hupkas, also auch seine Versuche, unmittelbar vor Ort Fuß zu fassen. Andererseits stand Hupka in den ersten sechs Monaten des Jahres 2000 unter massivem Druck des Parteivorstandes, der

4   In der Verbotsverfügung der PD Halle gegen den Aufmarsch heißt es u. a.: „In Anbetracht des starken Besucherandrangs zum Laternenfest kann auch eine reine Kundgebung, die als das mildere Mittel im Vergleich zu einem Vollverbot zu prüfen wäre, nicht geschützt werden."
5   Eine Darstellung der Ereignisse im Umfeld der Demonstration, insbesondere der juristischen Auseinandersetzung, liegt inzwischen vor (vgl. Reichert 2001, S. 105).

ihn trotz der personellen Zuwächse für die desolate Organisationsstruktur des Landesverbandes verantwortlich machte. Zwar hat sich der Parteivorstand nach außen hin positiv darüber geäußert, dass er bei den Kommunalwahlen im vergangenen Jahr zwei Mandate in Sachsen-Anhalt erringen konnte, doch vor allem der Umstand, dass die NPD nicht vom Erosionsprozess der ursprünglichen DVU-Fraktion profitieren konnte, dürfte Hupka angelastet worden sein. Vielfältige Bemühungen durch ihn, Briefe an alle Abgeordneten, Besuche im Landtag, das Lancieren parlamentarischer Anfragen über einzelne Landtagsabgeordnete und unübersehbare personelle Kontakte von NPD-Mitgliedern zu DVU-Abgeordneten im lokalen Raum vermochten es nicht, wenigstens einen Abgeordneten hinüberzuziehen und damit z. B. für die mit Spannung erwartete sächsische Landtagswahl ein Signal zu geben. Die konkrete Hoffnung auf die Mitgliedschaft durch Torsten Miksch, inzwischen Generalsekretär bei der „Vereinigten Rechten" von Mario Meurer, zerschlug sich, obwohl Miksch im September 1999 noch einmal ein umfangreiches Interview in der *Deutschen Stimme* eingeräumt worden war, was sicher aber auch Teil des Wahlkampfes in Sachsen – praktisch im Sinne einer Alternative zur DVU – sein sollte (vgl. Deutsche Stimme 9/1999).

Ob daraus der tiefe Konflikt innerhalb des sachsen-anhaltischen Landesverbandes resultierte, lässt sich nicht mit Sicherheit sagen, bleibt aber weiter zu vermuten. Nachdem Hupka bereits zuvor zeitweise durch den Parteivorstand von der Funktion des Landesvorsitzenden abgesetzt worden war, was auf Bestreben von Mitgliedern des Landesverbandes zurückgehen soll, ist formal der „organisatorische Notstand" über den Landesverband verhängt worden. Dieser wurde aber, inklusive der Amtsenthebung, mit Beschluss des Parteivorstandes am 7. Dezember 1999 wieder aufgehoben, wobei eine Vielzahl von Maßnahmen zur Verbesserung der strukturellen Situation verkündet wurde. Dazu zählten die Ankündigung der Gründung einer Reihe von Kreisverbänden für das erste Halbjahr 2000, so in Magdeburg, Köthen, Quedlinburg und möglicherweise in Halle bzw. Aschersleben/Stassfurt. Der Landesverband ging in diesem Zusammenhang davon aus, dass er mit der monatlichen Aufnahme von ca. 15 Mitgliedern bundesweit an zweiter Steller liegt. Eine Vortragsveranstaltung der NPD am 3. Dezember 1999 wird intern als durchschlagender Erfolg gewertet. Nach einer Phase der Stagnation hat sich tatsächlich im Februar 2001 ein weiterer Kreisverband der NPD in Sachsen-Anhalt gebildet. Nach eigenen Angaben zählte der neue Kreisverband Ostharz zur Gründung 24 Mitglieder, zum Vorsitzenden wurde der Quedlinburger Mathias Brink gewählt. Insgesamt verfügt die NPD damit im zweiten Quartal 2001 über sieben Kreisverbände im Bundesland.

Kein Zufall dürfte es sein, dass die Auseinandersetzungen innerhalb des Landesverbandes Sachsen-Anhalt unmittelbar vor dem Bundesparteitag am Wochenende des 18./19. März 2000 im bayrischen Mühlhausen eskalierten. Dieser 28. ordentliche Bundesparteitag wurde bemerkenswerterweise erstmals seit Jahren wieder unter Ausschluss der Öffentlichkeit durchgeführt und erfolgte weitestgehend ohne die normalerweise erwünschte Teilnahme von Journalisten. Hintergrund könnten der enorme öffentliche Protest und ein Brandanschlag, den es im Jahr zuvor in Mulda gegeben hatte, gewesen sein.

Steffen Hupka beschrieb nach dem Landesparteitag im März 2000 den Konflikt zwischen beiden Flügeln im Landesverband inhaltlich sinngemäß dahingehend, dass er im Gegensatz zu den innerparteilichen Gegnern für einen „konsequenten Oppositionskurs gegen alle etablierten Parteien" stehe und „ein eindeutiges Bekenntnis zum deutschen Volke und dem Abstammungsprinzip" abgebe (vgl. Mitteldeutsche Zeitung, 15. 3. 2000, S. 4).

Dass es Hupka nicht gelungen ist, die in der Folge als Putsch zu bezeichnende Mitgliedervollversammlung und deren Beschlüsse über die Bildung eines neuen Landesvorstandes zu revidieren, steht inzwischen fest (vgl. Reichert 2000a, S. 3).[6] Es ist also mit massiven öffentlichen Auftritten und – damit schließt sich der Kreis zu der eingangs erwähnten Befürchtung weiterer Einflussnahmen – zu rechnen. Unmittelbar nach seiner Absetzung nahm Steffen Hupka am 20. März 2000 mit mehreren NPD-Mitgliedern an einer öffentlichen Veranstaltung zur Novellierung des Polizeigesetzes teil. Als dies von einer als Rednerin geladenen Landtagsabgeordneten bemerkt wurde, kam es zum Eklat. Die Parlamentarierin rief die Polizei, die allerdings keinen Anlass zum Eingreifen sah, weil die NPD-Vertreter friedlich auf den Zuschauerplätzen saßen. Darauf verließ die Abgeordnete den Saal. Die Folge: Hupka hatte die Möglichkeit, öffentlich über die fehlende Bereitschaft zur politischen Auseinandersetzung zu argumentieren. Auch das gehört zu den Realitäten falschen öffentlichen Agierens.

Die seit August 2000 zunehmend stärker geführte Diskussion um ein NPD-Verbot hat dies bestätigt. Nachdem der Parteivorstand aus taktischen Gründen eine Zeit lang auf alle Demonstrationen verzichtet hatte, machten Rechtsextreme wie Hupka und andere Anhänger des so genannten unabhängigen „Nationalen Widerstands" deutlich, dass zumindest die Form der Schaffung von Gegenöffentlichkeit erkannt ist.[7]

6   Auf dem Landesparteitag der NPD im März 2000 wurde Steffen Hupka abgesetzt und Andreas Karl zum neuen Landesvorsitzenden gewählt. Seitdem gibt es über die inhaltliche und strategische Ausrichtung innerhalb des Landesverbandes Spannungen.
7   Freilich begreift Hupka die NPD als die „organisatorische Form" für einen „revolutionären Nationalismus" (vgl. Hupka 2000).

„Weisse Offensive", Halle/Saale: Kameradschaften sind
Mobilisierungspotenzial für die NPD.

Abwehrreaktionen demokratischer Medien

Die öffentlichkeitswirksamen Aktivitäten der NPD und ihr nahestehender Vereinigungen konzentrieren sich vorrangig auf den lokalen Raum. Dabei kann unterstellt werden, dass Nachrichtenagenturen aufgrund ihrer hohen Verbreitung als Informationsträger den stärksten Beeinflussungsversuchen politischer

Akteure im allgemeinen ausgesetzt sind. Dieses Merkmal scheint in Ostdeutschland aufgrund von zwei Tatsachen zum großen Teil außer Kraft gesetzt zu sein. Die wesentliche Ursache dürfte in der überragenden Marktstellung der großen Regionalzeitungen, die etwa 95 Prozent der Tageszeitungsauflage Ost abdecken, liegen. Keine dieser Zeitungen hat in der Vergangenheit – zumindest nicht in erheblichen Größenordnungen – Lokalausgaben eingestellt. Dort ist also aufgrund persönlicher Kontakte bis in die kleinste territoriale Einheit der Ansatzpunkt, um im positiven Sinne wahrgenommen zu werden. So ist in Sachsen-Anhalt oder auch in Brandenburg durchaus und ohne Angabe der Zugehörigkeit zu einer politischen Gruppierung über junge Leute berichtet worden, die sich mit Arbeitseinsätzen positiv hervortun. Diese Strategie ist vom ehemaligen Referatsleiter „Schulung" der NPD, Hupka, ausdrücklich gebilligt worden. „Man muss an die Leute herantreten, nicht nur mit Flugblättern, sondern auch durch ganz konkrete Hilfsbereitschaft", schreibt er. „Diese kann darin bestehen, Rat und Tat den anderen Dorf- oder Stadtteilbürgern beim Ausrichten von Festen, im örtlichen Seniorenheim bereitzustellen. Den Bedürftigen ist vor Ort zu helfen, so dass der Einsatz für das Gemeinwohl (,Volksgemeinschaft') für jeden im Dorf, im Stadtteil deutlich wird. Dies sollte jedoch nicht ausschließlich aus Berechnung geschehen, sondern aus dem nationalen und sozialen Selbstverständnis der ‚Befreiten Zone' heraus" (vgl. Hupka 2000).

Unterstellt man, dass gerade die Lokalredaktionen im Printbereich für die Informationsbildung in Sachsen-Anhalt maßgebliche Bedeutung haben, gleichzeitig aber auch unter einer extremen Arbeitsbelastung leiden, so steht zu befürchten, dass genau hier ein Einsickerungsprozess forciert wird. Ein aktuelles Beispiel: Als die *Mitteldeutsche Zeitung* über ein Mittelalterprojekt in Quedlinburg berichtete, wurde sie nach der Veröffentlichung mit Vorwürfen konfrontiert, dass es sich bei dem Veranstalter um einen bekannten Rechtsextremen handle (vgl. Neef 2001). Ein unmittelbar daraufhin erneut publizierter Beitrag thematisierte diese Frage und nahm Bezug auf eigene Recherchen im Internet (vgl. www.puk.de/antifacafe/broschuere.htm), wobei der Vereinsvorsitzende, zugleich Blankenburger Bürgermeister, die Vorwürfe energisch zurückwies (vgl. Dillge/Kranert 2001).

Der Fall macht deutlich, dass die Frage der Qualitätssicherung im Journalismus also ganz wesentlich für die Frage des Umgangs mit der Thematik sein wird.[8] Dabei haben freilich die bereits existierenden Lokalredaktionen noch den Vorteil, über fachlich qualifizierte Journalisten zu verfügen. Im Bereich der offenen Kanäle, des Stadtfernsehens, der kostenlosen Anzeigenblätter mit einer extrem hohen Verbreitung in Ostdeutschland und insbesondere auch der privaten elektronischen Medien, deren Zahl sich aufgrund zurückgehender Bandbreitenprobleme in den nächsten fünf Jahren erheblich vergrößern wird, stehen erfolgreiche Einflussversuche mangels eines qualitativ anspruchsvollen Journalismus erheblich stärker zu befürchten. Erste Einflussnahmen im Bereich Stadtfernsehen sind bereits festzustellen.

Letztlich werden Abwehrstrategien nur greifen, wenn die Redaktionen personell ausreichend ausgestattet und damit inhaltlich stark sind. Es wird Aufgabe – sicher auch für den durch *Miteinander e.V.* verantworteten Bereich – sein, die Journali-

---

8 Eine Untersuchung des Forschungsinstituts Medientenor ergab z. B., dass Ausländer im Zusammenhang mit tatsächlichen oder vermeintlichen Straftaten 1998 noch mehr erwähnt wurden als 1999. So berichtete Bild 1998 in 44 Prozent der Beiträge zum Thema mit negativer Aussage. 1999 waren es nur noch 26,1 Prozent. Bei den Regionalzeitungen lag der Anteil 1998 bei 39 Prozent und 1999 bei 22,1 Prozent (vgl. Medientenor 2000, S. 1).

sten vor Ort dabei zu begleiten. In diesem Kontext scheint es mir jedoch nicht sinnvoll zu sein, von den viel beschäftigten Redakteuren noch die Teilnahme an Foren, Symposien und Veranstaltungen zu erwarten: Die hohe Anzahl von Veranstaltungen dieser Art übersteigt leider längst die Möglichkeiten des Journalismus zur Teilnahme und Berichterstattung.

Literatur:

An der Seriosität der DVU sind große Zweifel angebracht. Für Frey zählt nur Geld. (Landtagsabgeordneter Torsten Miksch erzählt über die dubiose Praxis des DVU-Chefs Frey, unmündige und unpolitische Gefolgsleute um sich zu scharen), 1999, in: Deutsche Stimme 9/1999.

Aufklärer oder Anstifter. Berichterstattung über rechte Gewalt in 2000, in: Medientenor, Forschungsbericht Nr. 104.

Ausländer = Kriminelle?, in: Medientenor, Forschungsbericht Nr. 100 vom 15. 10. 2000.

Deutsche Stimme 11/1999.

Dillge, Sigrid/Kranert, Hendrik, 2001: Vorwürfe gegen Harry Radegeis: Ritterspiele mit Rechtem?, in: Mitteldeutsche Zeitung, Lokalausgabe Quedlinburg, 24. 3. 2001.

Esser, Frank, 1999: Gehemmter Investigativgeist, in: Message – Internationale Fachzeitschrift für Journalismus, Nr. 2/1999.

Hupka, Steffen, 1999: Strategiediskussion: Befreite Zonen – aber wie? Nationalisten müssen sich Eigentum schaffen – für Wohnraum, Werkstätten und Kulturarbeit, in: Deutsche Stimme, 11/1999.

Hupka, Steffen, 2000: Grundsätze einer nationalrevolutionären Strategie. Unveröffentlichter Aufsatz, Timmenrode 2000.

Mitteldeutsche Zeitung vom 14. 10. 1999.

Mitteldeutsche Zeitung vom 15. 3. 2000.
Mitteldeutsche Zeitung vom 7. 9. 2000.
Neef, Stephan, 2001: Wenn ein alter Haudegen auf Knappen-Suche geht, in: Mitteldeutsche Zeitung, Lokalausgabe Quedlinburg vom 22. 3. 2001.
NPD-Landesvorstand gestürzt. Streit innerhalb der Partei – Polizei beobachtete Treffen bei Quedlinburg, in: Mitteldeutsche Zeitung vom 15. 3. 2000, S. 4.
NPD-Pressemitteilung vom 28. 2. 2001.
Reichert, Steffen, 2000a: Hupkas verlorener Haufen. Die Demonstration von Halle macht deutlich, dass der frühere NPD-Vordenker politisch isoliert ist, in: Mitteldeutsche Zeitung vom 28. 8. 2000, S. 3.
Reichert, Steffen, 2000b: Die Debatte hat uns genützt. Interview mit Andreas Karl, in: Mitteldeutsche Zeitung vom 25. 11. 2000, S. 2.
Reichert, Steffen, 2001: Aufmarsch und Aufruhr in Halle. Beobachtungen am Rande einer Demonstration, die eine Stadt in Atem hielt, in: Landeszentrale für politische Bildung Sachsen-Anhalt (Hrsg.): Erst fremd – dann vertraut. Reportagen und Interviews, Halle 2001, S. 105–109.

Chronologie von Ereignissen mit Schwerpunkt Sachsen-Anhalt

23. 3. 1996

Udo Voigt wird neuer NPD-Parteivorsitzender und veranlasst eine Änderung der Programmatik, u. a. Öffnung der Partei für Personen aus verbotenen neonazistischen Gruppen.

1. 3. 1997

NPD-Großdemonstration von ca. 5000 Teilnehmern in München gegen die Ausstellung „Vernichtungskrieg. Die Verbrechen der Wehrmacht 1941–1944".

1. 5. 1997

Angeführt von Steffen Hupka demonstrieren ca. 300 Rechtsradikale in Hannoversch-Münden.

24. 1. 1998

NPD-Demonstration gegen die „Wehrmachtsausstellung" in Dresden mit ca. 1200 Teilnehmern.

7. 2. 1998

NPD-Demonstration in Passau mit ca. 4000 Teilnehmern.

1. 5. 1998

NPD-Demonstration in Leipzig mit ca. 4000 bis 5000 Teilnehmern unter dem Motto „Nationale Front gegen Sozialabbau und Arbeitslosigkeit".

7. 12. 1998

NPD-Demonstration in Magdeburg mit ca. 350 Teilnehmern, die ihre Solidarität mit dem inhaftierten Vorstandsmitglied Frank Schwerdt zum Ausdruck bringen wollen.

27. 2. 1999

NPD-Demonstration mit ca. 700 Teilnehmern in Magdeburg gegen die Einführung der doppelten Staatsbürgerschaft.

17. 4. 1999

NPD-Demonstration in Magdeburg mit ca. 900 Teilnehmern „Gegen ‚One World- Ideologie'" aus Anlass des Jugoslawienkrieges.

4. 12. 1999

Verbot einer NPD-Demonstration mit ca. 400 erwarteten Teilnehmern in Magdeburg.

29. 1. 2000

NPD-Demonstration mit ca. 500 Teilnehmern durch das Brandenburger Tor in Berlin unter dem Motto „Argumente statt Verbote – Nein zum NPD-Verbot".

12. 3. 2000

NPD-Demonstration in Berlin mit ca. 500 Teilnehmern.

25. 3. 2000

NPD-Demonstration in Salzwedel mit ca. 500 Teilnehmern „Gegen linken Terror".

1. 5. 2000

NPD-Demonstration in Berlin mit ca. 1200 Teilnehmern, außerdem Demonstrationen in Dresden, Fürth, Grimma, Ludwigshafen, und Wetzlar.

27. 5. 2000

NPD-Demonstration in Passau mit ca. 4000 Teilnehmern.

17. 6. 2000

NPD-Demonstration in Magdeburg mit ca. 200 Teilnehmern unter dem Motto „Wir sind der nationale Widerstand".

28. 8. 2000

NPD-Demonstration in Halle/Saale mit ca. 50 Teilnehmern gegen das drohende NPD-Verbot.

30. 9. 2000

Erste Strategietagung der RPF in Thüringen als Konsequenz des innerparteilich gespaltenen Kurses der NPD.

20. 10. 2000

NPD-Demonstration am Brandenburger Tor in Berlin gegen das NPD-Verbot.

4. 11. 2000

NPD-Demonstration gegen das geplante NPD-Verbot von ca. 1200 Teilnehmern in Berlin, die auf Proteste von etwa 500 Personen trifft. In Dessau Gegendemonstration von ca. 2000 Personen gegen die kurzfristig abgesagte NPD-Kundgebung.

25. 11. 2000

Aufhebung des Verzichts auf Demonstrationen durch den Bundesvorstand der NPD.

27. 11. 2000

Auflösung einer NPD-Demonstration auf dem Alexanderplatz in Berlin wegen ca. 3000 Gegendemonstranten der Initiative „Europa ohne Rassismus".

11. 1. 2001

Einleitung eines Parteiausschlussverfahrens gegen Steffen Hupka.

27. 1. 2001

NPD-Demonstration am Brandenburger Tor in Berlin gegen das geplante Holocaust-Mahnmal.

30. 1. 2001

Einreichung des NPD-Verbotsantrages der Bundesregierung beim Bundesverfassungsgericht.

2. 3. 2001

Das Bundesverfassungsgericht (BverfG) in Karlsruhe lehnt mehrere Verfassungsbeschwerden der NPD und ihrer Parteiverbände ab, mit der sich die Partei gegen die Kündigung von Bankkonten durch verschiedene Geldinstitute wandte.

30. 3. 2001

Einreichung der NPD-Verbotsanträge von Bundestag und Bundesrat beim Bundesverfassungsgericht.

1. 5. 2001

    NPD-Demonstration in Berlin-Hohenschönhausen, Augsburg, Essen, Mannheim und Dresden, bei denen insgesamt ca. 3000 NPD-Anhänger mobilisiert werden.

3. 10. 2001

    NPD-Demonstration in Berlin zum „Tag der deutschen Einheit" mit ca. 1000 Teilnehmern.

19. 1. 2002

    NPD-Demonstration in Magdeburg mit ca. 300 Teilnehmern „Zerstörung Magdeburgs – Wir vergessen nicht".

Weiterführende Literatur

Benz, Wolfgang (Hrsg.), 1994: Rechtsextremismus in Deutschland. Voraussetzungen, Zusammenhänge, Wirkungen. Frankfurt a. M.

Falter, Jürgen, 1994: Wer wählt rechts? Die Wähler und Anhänger rechtsextremistischer Parteien im vereinigten Deutschland. München.

Fischer, Jörg, 2001: Das NPD-Verbot. Berlin.

Henkel, Michael/Lembcke, Oliver, 2001: Wie sinnvoll ist ein Verbot der NPD? Zum Zusammenhang von streitbarer Demokratie und politischer Kultur, in: Kritische Justiz 1/2001, S. 14–28.

Jaschke, Hans-Gerd, 2001: Rechtsextremismus und Fremdenfeindlichkeit. Begriffe, Positionen, Praxisfelder. (2. überarbeitete Auflage) Opladen.

Koopmans, Ruud, 2001: Rechtsextremismus und Fremdenfeindlichkeit in Deutschland: Probleme von heute – Diagnosen von gestern, in: Leviathan 4/2001, S. 469–483.

Kühnl, Reinhard/Rilling, Rainer/Sager, Christine, 1969: Die NPD. Struktur, Ideologie und Funktion einer neofaschistischen Partei. Frankfurt a. M.

Leggewie, Claus/Meier, Horst (Hrsg.), 1995: Republikschutz. Maßstäbe für die Verteidigung der Demokratie. Reinbek bei Hamburg.

Leggewie, Claus/Meier, Horst (Hrsg.), 2002: Verbot der NPD oder Mit Nationaldemokraten leben? Frankfurt a. M.

Lynen von Berg, Heinz, 1997: Die „streitbare Demokratie" und ihr Rechtsextremismus. Die Entwicklung des deutschen Rechtsextremismus seit 1949 und politische Reaktionen, in: Schneider-Wilkes, Rainer (Hrsg.): Demokratie in Gefahr? Zum Zustand der deutschen Republik. Münster, S. 416–454.

Mecklenburg, Jens, 1996: Handbuch des deutschen Rechtsextremismus. Berlin.

Meier, Horst, 2001: „Ob eine konkrete Gefahr besteht, ist belanglos". – Kritik der Verbotsanträge gegen die NPD, in: Leviathan 4/2001, S. 439–468.

Niethammer, Lutz, 1969: Angepaßter Faschismus. Politische Praxis der NPD. Frankfurt a. M.

Pfahl-Traughber, Armin, 2001: Rechtsextremismus in der Bundesrepublik Deutschland. (3. überarbeitete Auflage) München.

Schmollinger, Horst W., 1986: Die Nationaldemokratische Partei, in: Stöss, Richard (Hrsg.): Parteien-Handbuch: Die Parteien der Bundesrepublik Deutschland 1945–1985. Band 4. Opladen, S. 1892–1994.

Schubarth, Wilfried/Stöss, Richard (Hrsg.), 2000: Rechtsextremismus in der Bundesrepublik. Eine Bilanz. Opladen.

Stöss, Richard, 1989: Die extreme Rechte in der Bundesrepublik. Entwicklungen – Ursachen – Tatsachen. Opladen.

Stöss, Richard, 2000: Rechtsextremismus im vereinten Deutschland. Herausgegeben von der Friedrich-Ebert-Stiftung. (3. überarbeitete Auflage) Berlin.

Die Autoren

RAINER ERB, geb. 1945, Dr. habil., Studium der Soziologie und Religionswissenschaft. Forschungsschwerpunkte: Geschichte und Soziologie des Antisemitismus, Rechtsextremismus und Gewalt. Veröffentlichte zuletzt u. a.: Der ewige Jude. Bildersprache des Antisemitismus in der rechtsextremen Szene, in: Archiv der Jugendkulturen (Hrsg.), Reaktionäre Rebellen. Rechtsextreme Musik in Deutschland. Berlin 2001, S. 131–156.

HEINZ LYNEN VON BERG, geb. 1959, Dr. phil., von 1992 bis 1999 wissenschaftlicher Mitarbeiter und Dozent am Institut für Politikwissenschaft der TU Berlin; seit Oktober 1999 Geschäftsführer von *Miteinander e.V.*, Magdeburg; Lehrbeauftragter an der Hochschule Magdeburg-Stendal (FH). Veröffentlichungen u. a.: Politische Mitte und Rechtsextremismus. Diskurse zu fremdenfeindlicher Gewalt im 12. Deutschen Bundestag. Opladen 2000; Zivilgesellschaftliches Engagement und lokale Demokratieentwicklung als Konzepte gegen Rechtsextremismus und Fremdenfeindlichkeit, in: Demirovic, Alex/ Bojadzijev, Manuela (Hrsg.): Konjunkturen des Rassismus. Münster (zus. mit mit Roland Roth/Wolfram Stender).

HORST MEIER, geb. 1954, Dr. jur., Autor, lebt in Hamburg. Bisher erschienen: Parteiverbote und demokratische Republik: zur Interpretation und Kritik von Art. 21 Abs. 2 des Grundgesetzes. Baden-Baden 1993. Republikschutz: Maßstäbe für die Verteidigung der Demokratie. Reinbek 1995 (Mitautor). Verbot der NPD oder Mit Nationaldemokraten leben? Frankfurt a. M. 2002 (Mitherausgeber).

ARMIN PFAHL-TRAUGHBER, geb. 1963, Dr. phil., Referatsleiter und wissenschaftlicher Mitarbeiter im Bundesamt für Verfassungsschutz, Abt. II, Rechtsextremismus; zahlreiche Veröffentlichungen, zuletzt: Rechtsextremismus in der Bundesrepublik Deutschland, 3. Aufl., München 2001.

STEFFEN REICHERT, geb. 1968, Redakteur der *Mitteldeutschen Zeitung*; beschäftigt sich insbesondere mit Fragen der inneren Sicherheit. Zahlreiche Veröffentlichungen zu Problemen des Rechtsextremismus in den neuen Bundesländern und zum Transformationsprozess ostdeutscher Medien.

CHRISTOPH SEILS, geb. 1964, gelernter Tischler und studierter Politologe, arbeitet als Journalist in Berlin; studierte am Otto-Suhr-Institut der Freien Universität Berlin und beschäftigt sich seit vielen Jahren mit dem Thema Rechtsextremismus.

WERNER SPRADO, geb. 1950, stellvertretender Abteilungsleiter der Abteilung 5, Verfassungsschutz, im Ministerium des Innern des Landes Sachsen-Anhalt.

HANS-JOCHEN TSCHICHE, geb. 1929, studierte Theologie in Berlin; 1958–1975 Pfarrer, ab 1975 Studienleiter und ab 1978 Leiter der Evangelischen Akademie Magdeburg; Mitbegründer des Neuen Forums (NF); März bis Oktober 1990 Abgeordneter der Volkskammer, dann MdL in Sachsen-Anhalt; Oktober bis Dezember 1990 MdB; seit 1999 Vorsitzender des Vereins *Miteinander e.V.*, Magdeburg.

BERNHARD WAGNER, geb. 1963, Mitarbeit in verschiedenen antifaschistischen Initiativen, seit 1994 Mitarbeiter der Bundestagsabgeordneten Annelie Buntenbach u. a. für den Themenbereich Rechtsextremismus.

Miteinander
Netzwerk für Demokratie und
Weltoffenheit in Sachsen-Anhalt e.V.

Miteinander – Netzwerk für Demokratie und Weltoffenheit in Sachsen-Anhalt e.V.

Im Mai 1999 hat sich der Verein *Miteinander e.V.* als Träger für schulische und außerschulische Bildungsarbeit sowie Beratung und Vernetzung von zivilgesellschaftlichen Initiativen und Projekten gegründet. Die Entwicklung und Stärkung einer demokratischen Kultur in den Kommunen und die Integration von Migranten und anderen von rechtsextremer Diskriminierung und Gewalt betroffenen (potenziellen) Opfergruppen gehören ebenso zu wichtigen Betätigungsfeldern des Vereins.

Miteinander e.V. ist vor allem dort aktiv, wo bisher wenig Engagement für ein weltoffenes und tolerantes Sachsen-Anhalt gegeben war. Mit seinen vier regionalen Zentren legt der Verein die Schwerpunkte seiner Initiativen auf die ländlichen Gebiete. Eine auf lokale Probleme zugeschnittene Arbeit, die sich präventiv an langfristigen Veränderungen orientiert, erachtet der Verein für die wirksamste Strategie gegen Rechtsextremismus und Fremdenfeindlichkeit. *Miteinander e.V.* trägt durch eine Vielzahl von Aktivitäten und Initiativen zu einer vernetzten Struktur in Sachsen-Anhalt bei. In diese Vernetzung sind sowohl Schulen, Jugendclubs, Berufsbildungswerke, Ausbildungsbetriebe, Jugendämter, Volkshochschulen, Kommunen etc. eingebunden als auch interkulturelle und antirassistische Vereine und Initiativen.

Zu den Zielen des Vereins gehören:

- Bekämpfung des Rechtsextremismus bei Jugendlichen und Erwachsenen
- Förderung von selbstbestimmtem Handeln und kritischem Denken
- Förderung demokratischer und emanzipatorischer Jugendkulturen
- Förderung der Zusammenarbeit zwischen den für schulische und außerschulischen Aufgaben zuständigen Einrichtungen
- Förderung der Verständigung zwischen Deutschen und Ausländern
- Förderung der interkulturellen Kommunikation in Schule, Jugendfreizeiteinrichtungen und Wohnumfeld
- Integration von Migranten
- Opferarbeit und Opferhilfe

Zu den Aufgabenbereichen aller regionalen Zentren zählen:

- Fortbildung von Multiplikatoren in Schule, Ausbildungs- und Jugendfreizeiteinrichtungen
- Regionale und überregionale Vernetzung
- Beratungsangebote und Coaching von Initiativen und (Jugend-)Projekten
- Stärkung und Initiierung von Strukturen zivilgesellschaftlichen Engagements gegen Rechtsextremismus
- Vermittlung von demokratischen Konfliktlösungsmustern und Partizipationsmöglichkeiten im kommunalen Bereich
- Entwicklung von lokalen Handlungsstrategien im Umgang mit Rechtsextremismus

Adressen der einzelnen Niederlassungen

Geschäftsstelle
Liebigstr. 6
39104 Magdeburg
Tel.: 0391/6 20 77-3
Fax: 0391/6 20 77-40
net.gs@miteinander-ev.de

Vereinsvorsitzender:
Hans-Jochen Tschiche
Geschäftsführer:
Dr. Heinz Lynen von Berg

Regionales Zentrum Nord
Bahnhofstraße 30
39638 Gardelegen
Tel.: 03907/71 56 67
Fax: 03907/71 56 79
net.rzn@miteinander-ev.de

Regionales Zentrum Mitte
Weinberg 11–12
06449 Aschersleben
Tel.: 03473/84 03 36
Fax: 03473/84 03 37
net.rzo@miteinander-ev.de

Regionales Zentrum Ost
Porsestr. 36
06862 Roßlau
Tel.: 034901/5 29 66
Fax: 034901/94 92 17
net.rzo@miteinander-ev.de

Regionales Zentrum Süd
Jüdenstraße 31
06667 Weißenfels
Tel.: 03443/23 92 47
Fax: 03443/23 92 51
net.rzo@miteinander-ev.de

Xenos
Leben und Arbeiten in Vielfalt

Service- und Informationsstelle zur Qualifizierung von Multiplikatoren in Schule, Ausbildung und Beruf

Am 1. 11. 2001 startete das XENOS-Projekt „Service- und Informationsstelle zur Qualifizierung von Multiplikatoren in Schule, Ausbildung und Beruf" unter Trägerschaft von *Miteinander e.V.*

Die Service- und Informationsstelle ist ein aus EU- und Bundesmitteln gefördertes Modellprojekt mit einer Laufzeit von drei Jahren. Lehrer und Ausbilder sowie Multiplikatoren aus verschiedenen Arbeitsfeldern werden dazu fortgebildet, ihren Schüler/innen und Auszubildenden soziale und interkulturelle Kompetenzen zu vermitteln, um deren Integration in den globalisierten Arbeitsmarkt zu fördern und eine bessere Qualifikation zu erzielen.

Des weiteren erhalten Berufseinsteiger, Studierende und Hochschulabsolvent/innen durch Bildungsmaßnahmen zusätzliche Qualifikationen, die deren Berufseinstiegschancen erhöhen sollen.

Dazu wird ein auf lokale Gegebenheiten zugeschnittenes Serviceangebot in Form von praxisorientierten Handlungsanleitungen, Argumentationshilfen und Unterrichtsmodulen erstellt. Die aufgrund von Bedarfsanalysen erstellten Materialien werden systematisch gesammelt und zielgruppenspezifisch aufbereitet. Durch gezielte Beratung und Coaching von Fortbildungsmaßnahmen erfolgen Hilfestellungen bei der Auswahl und der methodisch-didaktischen Anwendung von Modulen und anderen Materialien.

Es werden außerdem Netzwerkstrukturen mit den Kooperationspartnern initiiert.

Kontakt

Service- und Informationsstelle
Liebigstr. 6
39104 Magdeburg
Tel.: 0391/620 77 55
Fax: 0391/620 77 40
rohde.xenos@miteinander-ev.de

Projektleitung:
Georg Rohde
Tel.: 0391/620 77 50

Hilfsfonds für die Opfer fremdenfeindlicher und rechtsextremer Gewalt

Als eine Reaktion auf die Ermordung von Alberto Adriano in Dessau im Juni 2000 wurde der Hilfsfonds von *Miteinander e.V.* gegründet. Ziel des Fonds ist es, Opfern fremdenfeindlicher Gewalt und ihren Angehörigen direkt und unbürokratisch zu helfen. Betroffene können sich jederzeit an *Miteinander e.V.* oder die Opferberatungsstelle wenden und einen formlosen Antrag auf Entschädigung stellen. Ein unabhängiger Beirat begutachtet die eingegangenen Anfragen und entscheidet über deren Bewilligung.

Spendenkonto
Bank für Sozialwirtschaft Magdeburg
Konto-Nr.: 53 53 53
BLZ: 810 205 00

Mobile Beratung für Opfer rechtsextremer Gewalt

Im Rahmen des Civitas-Programms des Bundesministeriums für Familie, Senioren, Frauen und Jugend (BMFSFJ) hat *Miteinander e.V.* ein Beratungsprojekt für Opfer rechtsextremer Gewalt in Sachsen-Anhalt ins Leben gerufen.

Modellprojekte dieser Art werden in allen neuen Bundesländern durch das Civitas-Programm gefördert. Es wird hier ein besonderer Bedarf gesehen, da die herkömmlichen Organisationen der Opferhilfe auf die Arbeit mit Betroffenen von rechtsextremen Straf- und Gewalttaten nur unzureichend eingestellt sind. Beratungsprojekte für Opfer rechtsextremer Gewalt orientieren sich an den Lebensumständen und spezifischen Bedürfnissen von Menschen, die als „Fremde" sprachlich und sozial ausgegrenzt sind und ihre Rechte und Möglichkeiten der Gegenwehr kaum wahrnehmen können. Neben Einzelnen, die von rechtsextremer Gewalt unmittelbar betroffen wurden, richtet sich die Opferberatung auch an Gruppen (ethnische, kulturelle und soziale Minderheiten), die potenziell von dieser Gewalt bedroht sind. Die Opferberatungsstellen setzen sich für die Integration dieser Gruppen ein, indem sie ihnen Hilfestellungen zur Selbstorganisation geben und zugleich lokale Sensibilisierung und Solidarisierungsprozesse präventiv anregen.

Wichtige Voraussetzung für eine erfolgreiche, notwendigerweise niedrigschwellige Arbeit der Opferberatungsstellen ist deren Verankerung im regionalen und lokalen sozialräumlichen Umfeld. In Sachsen-Anhalt konnte dabei auf die Regionalstruktur von *Miteinander e.V.* zurückgegriffen werden. In Trägerschaft von *Miteinander e.V.* wurden im Jahr 2001 vier Personalstellen zur Beratung von Opfern rechtsextremer Gewalt eingerichtet. Die Büros befinden sich in räumlicher Nähe zu den regionalen Zentren und der Geschäftsstelle von *Miteinander e.V.* Dadurch werden Vernetzung, Kooperation und Austausch unter den jeweiligen Mitarbeiterinnen und Mitarbeitern gefördert. Ferner wurde ein Kooperationsvertrag mit dem Antidiskriminierungsbüro Sachsen-Anhalt in Dessau abgeschlossen, wo ebenfalls eine Stelle zur Beratung von Opfern rechtsextremer Gewalt eingerichtet wurde. Das Opferberatungsprojekt in Sachsen-Anhalt verfügt nun über lokale Anlaufstellen in Dessau, Halberstadt, Halle, Gardelegen, Magdeburg und Weißenfels. Das Beratungsangebot kann hier zu festen Bürozeiten oder auf Vereinbarung abgefragt werden. Außerdem gehen die Mitarbeiterinnen und Mitarbeiter von dort aus einer im engeren Sinne aufsuchenden (mobilen) Beratungstätigkeit nach.

Das Beratungsangebot orientiert sich an den Grundsätzen von Freiwilligkeit und Vertraulichkeit. Auf Wunsch findet die Beratung auch anonym statt. Im Einzelnen erstreckt sich das Angebot auf folgende Hilfestellungen:

- Beratung in psychischen und sozialen Fragen, Krisenintervention
- Vermittlung von psychologischer/psychotherapeutischer Hilfe
- Begleitung zu Behörden, Ärzten und zum Gericht
- Handreichungen zu rechtlichen Fragen, Hilfe bei der Suche von Zeugen

- Vermittlung von Rechtsanwältinnen und Rechtsanwälten
- Unterstützung bei der Beantragung von Entschädigungsleistungen
- Vermittlung von finanzieller Hilfe u. a. durch den Opferfonds von *Miteinander e.V.*
- Vernetzung und Unterstützung von Initiativen vor Ort, Öffentlichkeitsarbeit
- Entwicklung von Konzepten präventiven Opferschutzes
- Dokumentation und Veröffentlichung von Opferfällen rechtsextremer Gewalt und deren Folgen

Kontakt

Mobile Beratung für Opfer rechtsextremer Gewalt
Projektleitung und Koordination
Regine Othmer
Hegelstr. 35
39104 Magdeburg
Tel.: 03 91/ 5 44 67 10
Fax: 03 91/ 5 44 67 11
Funk: 0170/ 2 92 53 61 (Regine Othmer, Projektleiterin)
Funk: 0170/ 2 94 83 52 (Djibril Agbandjala, Opferberatung Mitte)
opferberatung.md@miteinander-ev.de

Mobile Opferberatung Nord
c/o Miteinander e.V.
Elisabeth Schmidt
Bahnhofstr. 30
39638 Gardelegen
Tel.: 03907 / 77 80 38
Fax: 03907/ 71 56 79
Funk: 0170/ 2 90 41 12
opferberatung.nord@miteinander-ev.de

Mobile Opferberatung Süd
c/o Miteinander e.V.
Zissi Sauermann
Jüdenstr. 31
06667 Weißenfels
Tel.: 03443/ 33 38 62
Fax: 03443/ 23 92 51
Funk: 0170/ 2 94 84 13
opferberatung.sued@miteinander-ev.de

Verfolgung, Terror und Widerstand in Sachsen-Anhalt 1933–1945

Ein Wegweiser für Gedenkstättenbesuche

Herausgegeben von
Miteinander –
Netzwerk für Demokratie und Weltoffenheit in Sachsen-Anhalt e. V.
Zentrum für Antisemitismusforschung der TU Berlin

Der Band versteht sich als Leitfaden zur Vor- und Nachbereitung von Gedenkstättenbesuchen in Sachsen-Anhalt. Angesprochen sind Mittler der politischen Bildung, darüber hinaus alle interessierten Bürger des Landes. Historiker und Pädagogen zeigen in Zusammenarbeit mit Gedenkstättenmitarbeitern Wege und Möglichkeiten, durch Besuche von Stätten nationalsozialistischer Willkür demokratisches Selbstverständnis zu entwickeln. Ergänzt werden die Darstellungen der ehemaligen Konzentrationslager durch Zeitzeugenberichte von Opfern der NS-Herrschaft.

2001 · ISBN : 3-932482-81-6 · 160 Seiten · EUR 14.–

Metropol Verlag · Kurfürstenstr. 135 · D–10785 Berlin
www.metropol-verlag.de

Fremdenfeindliche Gewalt und Rechtsextremismus

Kollektive Praxis, Symbolik und Ideologie

Herausgegeben von
Miteinander –
Netzwerk für Demokratie und Weltoffenheit in Sachsen-Anhalt e. V.
Zentrum für Antisemitismusforschung an der Technischen Universität Berlin

Verfasst von *Michael Kohlstruck*

Die rechtsextremen Jugendszenen und ihre gewalttätige Praxis gegen Fremde sind seit der deutschen Vereinigung zu einem festen Bestandteil des öffentlichen Lebens geworden. Der Band stellt diese Entwicklung dar und fragt nach den Handlungsmöglichkeiten der schulischen und außerschulischen pädagogischen Arbeit.
Behandelt werden im einzelnen die ideologischen Deutungsangebote des Rechtsextremismus und die vielfältigen Prozesse, in denen sich maskulin-aggressive Jugendkulturen bilden und darstellen. Ein Schwerpunkt liegt auf der Entwicklung in Sachsen-Anhalt.

2002 · ISBN: 3-932482-76-X · ca. 180 Seiten · EUR 14.–

Metropol Verlag · Kurfürstenstr. 135 · D–10785 Berlin
www.metropol-verlag.de

Fremde und Fremd-Sein in der DDR

Zu historischen Ursachen
der Fremdenfeindlichkeit in Ostdeutschland

Herausgegeben von
JAN C. BEHRENDS · THOMAS LINDENBERGER ·
PATRICE G. POUTRUS

Die Autoren des Bandes fragen nach den historischen Bedingungen des Umgangs *mit* und der Wahrnehmung *von* „Fremden" in der ehemaligen DDR. Sie nehmen sowohl ältere mentalitätsgeschichtliche Prägungen der ostdeutschen Bevölkerung als auch sozial- und wirtschaftsgeschichtliche Bedingungen des Staatssozialismus in den Blick. Im Mittelpunkt stehen allerdings die spezifischen Modalitäten der Lebenswelt von „Fremden" in der DDR. Die Bandbreite der Beiträge reicht von der Betrachtung der sowjetischen Besatzungsmacht durch die ostdeutsche Bevölkerung über die Schwierigkeiten des SED-Staates bei der Integration von abweichendem Verhalten von Einzelnen bis hin zu den Lebensbedingungen von Ausländern in der DDR.

2002 · ISBN: 3-936411-01-8 · ca. 360 Seiten · EUR 22.–

Metropol Verlag · Kurfürstenstr. 135 · D–10785 Berlin
www.metropol-verlag.de

Jahrbuch für Antisemitismusforschung
Band 11

Herausgegeben von WOLFGANG BENZ

Das Jahrbuch für Antisemitismusforschung veröffentlicht Arbeiten zur Geschichte der Judenfeindschaft, zur nationalsozialistischen Verfolgung, zum Holocaust, zu Emigration und Exil, zum Rechtsextremismus, zu Minoritätenkonflikten und zur Theorie des Vorurteils.
Band 11 enthält u. a. Beiträge zur aktuellen Walser-Debatte, zur Auseinandersetzung mit der Judenverfolgung in Polen, zur historischen Einschätzung des Protestes in der Berliner Rosenstraße nach der Fabrikaktion 1943, zum Antisemitismus in der völkischen Bewegung sowie in bürgerlichen und bäuerlichen Parteien während der Weimarer Republik und eine Analyse antisemitischer Vorurteile im Spiegel der Zeitung des Centralvereins.

2002 · ISBN: 3-936411-07-7 · ca. 360 Seiten · EUR 22.–
(Abonnement 15.- Euro)

Metropol Verlag · Kurfürstenstr. 135 · D–10785 Berlin
www.metropol-verlag.de

Yara-Colette Lemke Muniz de Faria

Zwischen Fürsorge und Ausgrenzung

Afrodeutsche „Besatzungskinder"
im Nachkriegsdeutschland

Die Kinder afroamerikanischer Besatzungssoldaten und deutscher Frauen galten der Nachkriegsbevölkerung als „rassisches Problem". Ihre Wahrnehmung als „Fremde" wurde in den fünfziger Jahren zum leitenden Kriterium ihrer Behandlung durch Behörden und Einrichtungen der Jugendfürsorge. Die Diskussionen und Maßnahmen zum Umgang mit afrodeutschen Kindern kamen in zwei gegensätzlichen Konzepten zum Ausdruck: Man beabsichtigte einerseits ihre Absonderung von der weißen deutschen Umwelt, andererseits verfolgte man ihre gesellschaftliche Integration durch Aufklärung und staatliche Intervention. Yara-Colette Lemke Muniz de Faria untersucht die Auseinandersetzungen, deren Basis traditionelle Ressentiments, Stereotypen und eine festgelegte Vorstellung davon, wer „deutsch" sei, waren.

2002 · ISBN: 3-932482-75-1 · 229 Seiten · EUR 19.–

Metropol Verlag · Kurfürstenstr. 135 · D–10785 Berlin
www.metropol-verlag.de